その悩み、
エピクテトス
なら、
こう言うね。

古代ローマの
大賢人の教え

# はじめに

人生どう生きるべきか——なんて言えば、少々深刻な感じもしますが、そこまでではないにせよ、日々の暮らしのなかでまったく悩みがないという人も珍しいと思います。家庭や地域、親類や友人、学校や職場、いまならネットも含めた人間関係、健康、お金や仕事、将来のことなど、生きているとそれだけで、どうしたらよいだろうと迷う機会が多々あるものです。

その点、この本の著者たちも同じです。できれば平穏に日々を送りたいと願うものの、なかなかそうも行きません。それこそ子供のころからいまに至るまで、小さなことから大きなことまで、それはいろいろな悩みや経済的な不自由を味わってきました。

他方で、どうやらこれは現代の日本に暮らす私たちだけのことではなさそうです。というのも古来、洋の東西を問わず、本などをあれこれ見ていると、共通して話題になっていることがあるのです。そう、人生どう生きるべきか、という課題です。もう少し前向きに、どうしたら幸せに生きられるか、と言い換えてもよいでしょう。どうも場所を問わず、時代を問わず、歴史を通じて人は、いつもこのことに頭を使い、心を砕いてきたようなのです。

ならば、先人たちのお知恵を拝借できないものだろうか。と、そこまで明確に意識していたわけではありませんが、かれこれ四半世紀ほど前のことでしょうか、古典を読み漁《あさ》るなかで、あるとき、とても惹《ひ》かれる考え方に出会いました。エピクテトスという人の言葉がやけに心に響いたのです。響いたばかりではありません。そうか、そんなふうにものごとを眺めれば、たしかに余計な悩みから解放されるかもしれない、と深く納得もしたのでした。

このエピクテトスとはどんな人でしょうか。詳しくは本編でお話ししますが、ここでも少しご紹介してみましょう。時は一世紀から二世紀と言いますから、いまからざっと一九〇〇年ほど昔、帝政ローマの時代に奴隷の子として生まれ、哲学者となり、後に自由の身になるという、これだけでもすでに波瀾万丈と言いたくなるような人生を送った人物です。

彼は孔子やソクラテスと同様に、自分では著作を残していません。ただ、幸いなことに弟子がその発言を書き留めてくれました。これが後世に伝わったおかげで、その考え方は、さまざまな人に生きる力と勇気を与えることになったのです。たとえば、ローマ皇帝のマルクス・アウレリウスもその一人です。もう少し私たちに身近なところでは、夏目漱石をはじめ明治から大正時代の日本の人びとも翻訳を通じて愛読していたようです。

そのエピクテトスの考え方を一言でいうなら、「自分の権内と権外を適切に見極めよ」となります。といっても、これだけではなんのことかお分かりにならないかもしれません。ただ、先にお伝えするなら、考えれば考えるほど実に的確な助言なのです。

もちろん、この助言だけであらゆる悩みがスッキリ消えたりはしないでしょう。でも、この考え方を試してみると、本来煩わされなくてもよい悩みを結構解消できるのです。仮にいま抱えている悩みの全体が一〇だとしたら、そのうち何割かは軽くなるかもしれません。特に処世を得意とするわけではない（むしろとっても不得意な）著者たちが、なんとかかんとか正気を保ってやってこれたのは、大袈裟でなしにエピクテトス先生のおかげだったりします。

そんなわけで、エピクテトスは私たちの心の師であり続けています。その考え方を一度頭に入れたり、身につけておいたりすると、ちょっと気持ちが楽になったり、毎日を生きやすくなったりする。いつか機会があったら、このことをみなさんにお伝えしたいと思っていたのでした。このたびは、たまさかチャンスが到来して、この本を書くことができました。

それにしても不思議なものです。古代ローマの哲学者の考え方が、一九〇〇年もの時間を隔てた私たちにも効いてしまうだなんて。しかも、置かれた社会の状況も生い立ちもまるで違うというのに。いったいどういうことなのか。

前口上はこのくらいにして、ぜひ本文でその次第をご覧あれ。

# プロローグ

# 人生の教師エピクテトス

## 元祖・自己啓発哲学者

## パスカル、漱石をとりこにした古代の賢人

山本　これはまた、えらいタイトルの本が出ちゃったね。

吉川　うん。ついにこの日が来たかっていう。

山本　どういう日だよ。

吉川　だってエピクテトス先生について存分に語れる機会だよ！

山本　そうだった。なんといっても、われわれの心の師匠だからね。

吉川　直接教えを受けたわけじゃないんだけどね。

山本　なにしろ一九〇〇年前の人だから。

吉川　話を聞きに行くというわけにはいかない。

山本　いわゆる私淑ってやつです。

吉川　うん。われわれが勝手に師匠呼ばわりしているだけ。

山本　でも、彼の言葉がどれだけ心の支えになったことか。

吉川　ほんと。悩みごとが生じたり判断に困ったりしたときにね。

山本　「誰それ?」という人のためにちょっと説明しましょうか。

吉川　お願いします。

山本　エピクテトスとは紀元一〜二世紀、ローマ帝国時代のローマやギリシアで活動した哲学者です。「ストア派」と呼ばれる哲学流派の代表格。

吉川　英語では“Stoic”だよね。

山本　そう、「ストイック」という言葉はこのストア派から来ている。

吉川　日常語にもなっちゃってるわけだ。

山本　そのあたりの事情については後にあらためて触れようか。

吉川　そうしよう。

山本　このエピクテトス、奴隷の身分から身を起こして、哲学教師として生涯を閉じるという人生を送った人です。

吉川　波瀾万丈！

山本　しかも、後世の人びとに非常に大きな影響を与えた。

吉川　たとえば？

山本　モンテーニュやパスカル、それに夏目漱石なんかも愛読者だった。

吉川　ビッグネームばっかりじゃん！

山本　大作家たちも、われわれと同じようにエピクテトス先生に私淑していたってこと。

吉川　おお、そう聞くと悪い気はしないね。

山本　モンテーニュやパスカルや夏目漱石のおとうと弟子になったみたいな気分。

吉川　でも、著書は一冊もないんだよね？

山本　うん。

吉川　彼が尊敬するソクラテスと同じだ。

山本　それでも幸運なことに、彼が弟子たちに語って聞かせた言葉の一部が書き留められて本にまとめられた。

吉川　書いたことじゃなくて語ったことが本になったわけか。

山本　その名も『人生談義』。

吉川　漱石たちが愛読したのもこれだね。それにしても「談義」って。

山本　そうそう。「談義」というくらいだから、弟子や来訪者から寄せられた相談にエピクテトス先生が答える様子が記されている。

吉川　相談とな。

山本　うん。仕事や人間関係、お金や地位といった日常的な問題がテーマになっているよ。

吉川　人生相談だ。宇宙や世界の原理とか成り立ちといった抽象的なことを語る本ではない。

山本　そう聞いて、一九〇〇年も昔のおっさんの人生談義を聞いてなんになる？　なんて思うかもしれないけれど……

吉川　さにあらず。この『人生談義』ほどためになる本はないよね。

山本　まったく。われわれがふだん抱くような悩みなら全部対応できちゃうんじゃないかっていうくらい。

吉川　むしろ、いまの時代ほどエピクテトス先生の教えが必要な時代もないかもしれない。

山本　なんというか、社会の全体を不安が覆っているしね。

吉川　経済の停滞と格差の拡大、雇用の流動化にともなう就職難、若年層や女性の貧困といった経済的問題……

山本　それに隣国との関係悪化やヘイトスピーチの蔓延、憲法問題といった政治的動揺も。

吉川　個人としても社会としても、明るい未来を思い描くことがむずかしくなってきているよね。

山本　こういう社会不安を思えば、自己啓発書が大流行するのも当然のことかもしれない。

吉川　こんな世の中だけど、なんとか人生をときめかせたいって。

山本　でも、じゃあってんでそういう本を実際に読んでみると……

吉川　不安に加えて困惑が広がるよね。いろいろありすぎて。

山本　自分を変える方法について熱く語るかと思えば、ありのままの自分を大切にと優しくささやいたり。

吉川　いったいどっちなんだ！　って突っ込みたくなるね。これじゃ、かえって混乱するよ。

## どんな自己啓発書にも負けない賢人の知恵

山本　そこで考えたんだよね。そういうことなら、この際、われわれがエピクテトスの教えを現代に伝える役目に挑戦してみようじゃないかって。

吉川　うん。あらゆる哲学の故郷である古代のギリシアとローマで自己啓発をすすめた、元祖・自己啓発哲学者というべき存在だからね。

山本　エピクテトスこそオリジネーター。

吉川　われわれもよく、「エピクテトス先生だったら、こんなときなんて言うだろう?」「現代に生きていたらどうするだろう?」「インターネットに降臨したら?」なんて語り合ったもんだよね。

山本　一九〇〇年後の不肖の弟子たるわれわれの悩みや問題にも、師匠ならきっと答えてくれるに違いないって。

吉川　しかも、当たり前のようでいて大事なポイントは、エピクテトスの哲学というのが、誰にでも使える知の技法だってこと。

山本　そう。特定の資質や才能をもった人にだけ向けられたものではないし、はたまた霊感とか超能力とかいう特殊能力も必要ない。

吉川　ものの道理を理解しようとする気があればそれで十分。

山本　彼は哲学者として、あくまで理詰めでものを考える人だったからね。

吉川　だからこそ時代を超えて人の心に響くわけだ。

山本　エピクテトスの哲学には、「君にはいったいなにができるのか」という根本的な問いを、その人となりに合わせて立てることを教えてくれるようなところがあるからね。

吉川　いいかえれば、一人ひとりが自分にとっての問いを立てるそのやりかたを、万人に対して教えてくれるようなところがある。

山本　そういうわけで、人生相談の達人であるエピクテトス先生から、人生において出会う問題や悩みごとへの対処法を学んじゃおう、というのがこの本の趣旨になります。

吉川　うん。

山本　楽しくも苦しくもある現代社会で、いかに幸せに、そして、よりよく生きていくことができるのか。

吉川　どんな自己啓発書にも負けない、古代の賢人の知恵にぜひ触れてほしい。

# 第 1 章

# 悩みのカタログ『人生談義』の世界

「なんで私が打ち首に？」

## 書かなかった人

**山本**　さて、いよいよエピクテトス先生と『人生談義』の話に入っていくわけだけれど。

**吉川**　うん。

**山本**　先に少しお話ししたように、エピクテトスは紀元一～二世紀のローマやギリシアで活動した人。

**吉川**　奴隷の身分から哲学教師へ、という数奇な運命をたどった人だった。

**山本**　そう。ただ、なにしろ昔の人だから、生涯についてはあまりよく分かっていないところもある[*1]。

**吉川**　そして『人生談義』は、エピクテトス先生が弟子や知人と交わした会話を記録したもの。

**山本**　でも、本人が書いたのではない。エピクテトスは、かのソクラテスと同じように、なにも書き残さなかった[*2]。

---

**＊1**　エピクテトスについては、以下の文献が参考になります。『世界の名著13　キケロ、エピクテトス、マルクス・アウレリウス』（中央公論社、一九六八）の解説と年譜（後に『世界の名著14』（中公バックス、一九八〇）として再刊）。鹿野治助『エピクテートス――ストア哲学入門』（岩波新書、一九七七）。比較的近年のモノグラフとしては、A. A. Long, *Epictetus: A Stoic and Socratic Guide to Life* (Oxford University Press,

**吉川**　この本の原型となったのは、弟子のアリアノスがどこに発表するためでもなく、あくまで覚え書きのために師との会話をしたためたノートなんだよね。

**山本**　それがエピクテトスの死後、なぜだか「流出」して、おおやけにされてしまったというわけ。

**吉川**　ネットかよ。

**山本**　びっくりしたアリアノスは、これは先生の公式の作品ではなく自分の覚え書きであり、もし変なところがあればその責任は先生にではなく自分にある、等々と弁明の手紙を書いた。

**吉川**　釈明文だね。

**山本**　いまではこの手紙がそのまま『人生談義』の序文になっちゃってる。

**吉川**　なりゆきまかせにもほどがあるな。

**山本**　で、この『人生談義』という本、前にも言ったけど、古代ギリシア時代の人生相談のような内容で。

---

2002)があります。

**＊2**　エピクテトス先生の教えを伝える文書は三つしか残っていません。『語録』『提要』『断片』と呼ばれるものです。いちばん有名で分量の多いものが『語録』で、そのダイジェスト版が『提要』。『断片』はエピクテトスへの言及を集めた資料集。これら三つの文書をあわせた邦訳がその名も『人生談義』という邦題で岩波文庫から出ています。この連載でも、三つをひっくるめて名の通った『人生談義』というタイトルで呼ぶことにします。『人生談義』には複数の翻訳があります。現在、比較的手にしやすいのは岩波文庫版（鹿野治助訳『人生談義』上・下、一九五八）の他、中公バックス版（中央公論社）などです。『人生談義』と訳されている書名は、古典ギリシア語でΔιατριβαί（ディアトリバイ）といいます。直訳すれば「談話」とか「語録」というほどの意味。「提要」はΕγχειρίδιον（エンケイリディオン）。これは「手引き（manual, handbook）」という意味です。原文は *Epictetus I and II* (Translated by W. A. Oldfather, Loeb Classical Library, Harvard University Press, 1925-1928)の第Ⅰ巻にDiscourses, Books 1-2、第Ⅱ巻にDiscourses, Books 3-4とその他の文章が入っています。本稿でも、原文を参照する場合は、この版を用いています。

## スティーヴン・セガールばりの切れ味

**吉川**　でも、「なあんだ、人生相談か」と侮るなかれ。

**山本**　驚くべきことに、愛、お金、仕事、人間関係……そこには、われわれが日ごろ思い悩むようなことなら全部そろっているんじゃないかと思えるほど、たくさんの悩みごとや心配ごとが記されている。

**吉川**　いわば、古代から伝えられる「悩みのカタログ」だ。

**山本**　さらに驚くべきことに、エピクテトス先生が繰り出す回答の数々が、じつに的確なんだよね。

**吉川**　まるで次々と襲いかかる相手をバッサバッサとなぎ倒していく空手や合気道の先生みたい。

**山本**　スティーヴン・セガールを思い出すね。

**吉川**　懐かしいね。いや、いまでもご健在だけど。

**山本**　昔も今も、人間の悩みは根本的にはそれほど変わらないものなのかもしれないね。とはいえ、なにしろ一九〇〇年前のギリシア・ローマの話だから、意味のよくわからない悩みも出てくるよ。

吉川　たとえば？

山本　「先生、私は便器を捧げ持つべきですか」とか。

吉川　なぜに便器。

山本　読んでいくと、便器を捧げ持たないと殴られて食いはぐれるとかなんとかいっている。

吉川　なんだろう。いまでいえば、会社の飲み会に出るべきかとか、上司におべんちゃらを使うべきかとか、そういう類いの相談なのかもしれないね。

山本　うん、そのあたりは、われわれが現代の事例や言葉に適宜おきかえて考えていこう。

吉川　ちなみに、エピクテトス先生はその相談になんて答えたんだろう？　気になる。

山本　もし打算的に考えるなら、臆せず便器を捧げ持つがいいって答えているね。

吉川　ほう。

山本　でも生徒は「しかし私は捧げ持ちたくありません」と。

吉川　面倒くさいやつだな。じゃあなんでいちいち相談するんだ……

山本　彼も悩んでたんだろうね。便器を捧げ持つべきか持たざるべきか、それが問題だって。

吉川　それで先生に聞いてみたと。

山本　うん。エピクテトス先生は、最終的にそれを決めるのは君であって私じゃないって答えてるね。自分を売る値段を決めるのは君自身だと。

吉川　自分自身を売る値段は人によって違う、ということか。

山本　とまあ、そんな具合に、『人生談義』は古くて新しい悩みごとを集めた悩みのカタログであり、それらに対して快刀乱麻の返答を与える先生の百人組手の記録というわけ。これを読みたくならない人なんているのだろうか?

吉川　いや、いない。

山本　そこに目をつけてか、いまから一〇〇年ちょっと前のこと、明治の終わりごろから大正にかけての日本でも、エピクテトスの翻訳書が何種類か出されているんだよね[*3]。

吉川　そんなに昔から。

山本　大正一一年というから、一九二二年に翻訳されたバージョンでは、ズバリ『我等は如何《いか》にして自己を救ふべき乎《か》』（中島祐神訳、早稲田大学出版部）というタイトルになっている。

吉川　まさに救済の書!

山本　夏目漱石の『吾輩は猫である』のなかでも、苦沙弥《くしゃみ》先生がエピクテトスを読んでいる（あるいは、ろくすっぽ読んでいない）と、猫が報告していたね。

吉川　へえ。時代が大きく変化してゆくなかで、当時の人びともエピクテトス先生に手がかりを求めていたのかな。

山本　そしていま、われわれもエピクテトスに手がかりを求めようとしている。

**吉川**　われわれもまた、時代が大きく変わろうとするなかでエピクテトスを読んだ漱石や苦沙弥先生たちと同じ場所に立っているのかもしれない。

**山本**　人間に悩みは尽きないからね。

## 理不尽で物騒な時代

**吉川**　じゃあ、生徒さんからの相談、ちょっと見てみようか。

**山本**　こんなのがあるよ。「先生、どうして私が首を切られなければならないのですか?」って。

**吉川**　また極端だな。首を切られるというのは、つまり斬首される、という意味だよね?

**山本**　うん。いきなりこんな話から入るのもなんだけど、極端なケースのほうが根本原理を理解しやすいだろうから。

*3　たとえば、国立国会図書館デジタルコレクションで次のような邦訳書を読めます。『賢哲エピクテート』(斎木仙酔訳、東華堂、一九〇三)、『エピクテタス遺訓』(高橋五郎訳、玄黄社、一九一二)、『エピクテータス語録』(佐久間政一訳、文明書院、一九二三)。本によっては、英訳からの重訳であったり、原本が明記されていないものもあります。

**吉川** それに、当時の社会情勢を考えれば、十分にありうる問いでもあるよね。

**山本** なにしろエピクテトス先生が生まれたのは、暴君として悪名高いローマ帝国第五代皇帝ネロの時代だったわけで。

**吉川** 一六歳にして皇帝に即位したネロは、かつての家庭教師であった哲学者セネカらのサポートによって、最初のころこそ名君と称される善政を行うけれど、次第に恐怖政治の虜《とりこ》となっていく。

**山本** そして自らに刃向かう者、あるいは刃向かうのではないかと疑った者を次々と捕らえ、殺していくのだった……。

**吉川** サスペンスドラマみたいだ。

**山本** 恩師であるはずのセネカも、ネロに命じられて自殺しちゃった。当のネロも最後には追いつめられて自殺しちゃうし。

**吉川** とにかく物騒な時代。

**山本** ネロが皇帝の座から追われ自殺したのは西暦六八年のこと。その後も暗殺や政変などにより入れ替わり立ち替わり新たな皇帝が即位するんだけど、まともだったのは五賢帝のひとりハドリアヌスくらい。

**吉川** 残りはみんな血なまぐさい行為を重ねたあげく、ろくな死に方をしていない。

**山本**　皇帝の蛮行だけでなく、住民の反乱や度重なる戦争による政情不安も人びとにとって大きな脅威だった。

**吉川**　そんな世の中だから、いつなんどき自分が呼びだされて死を宣告されないともかぎらない。

**山本**　そう考えると、この生徒さんの相談はけっこう現実的かつ切実な問いだったことがわかるよね。

**吉川**　たしかに。

**山本**　現代に置き換えると、「どうして私が閑職に追いやられなくてはならないのですか？」「どうして私がフラれなければならないのですか？」みたいな感じかな。

**吉川**　本人からすれば、理不尽というしかないような状況。

**山本**　前者の場合には、権力関係の圧倒的な不均衡のもとで、一方的にお払い箱にされてしまうわけで。

**吉川**　後者については、もうちょっと微妙だろうけれど、それでも相手側のイエスがないと交際そのものがスタートしない。

**山本**　生殺与奪の権利は相手側にあるように見える。

**吉川**　あくまでフラれる側から見れば、の話だけど。

山本　うん。それじゃフラれて当然だろ、って思えるケースも多いけどね。

吉川　そうね。

山本　まあ、どちらにせよ当人にとって現実的かつ切実な問題であることは間違いない。

## エピクテトス先生の真意は？

吉川　で、それに対する先生の回答は？

山本　「じゃあ、みんなが首を切られたらいいと思うのか？」って。

吉川　ちょっと人を食ったような回答だよね。

山本　それに、なんだか冷たい感じもする（笑）。

吉川　先生はどうしてそんなふうに答えたんだろう。

山本　まず、なにも先生は相談者を馬鹿にしているんじゃないし、「お前なんか死んでしまえ」と突き放しているのでもないよね。

吉川　うん。あくまで真面目。

山本　そして自身の哲学にしたがって質問に答えようとしている。

吉川　これは『人生談義』に一貫して見られる姿勢。

山本　一種の修辞疑問だよね。

吉川　修辞疑問というのは、自分の考えを強調するために、あえて疑問文で表現するレトリック。

山本　「未来を知る者がいるだろうか？（いや、いない）」というように。

吉川　では、先生は「君だけが首を切られなければならない」と主張したかったのか？

山本　そうだとしたら本当に冷たい師匠なんだけど、もちろんそうではない。

吉川　「君だけが首を切られなければならない」というのはどう考えても不合理だしね。なにしろ恐怖政治の時代、斬首に正当な理由などないわけだから。

山本　そう。かといって、「みんなが首を切られたらいい」という主張も同じくらい、あるいはそれ以上に不合理。

吉川　つまり、「君だけが首を切られなければならない」も「みんなが首を切られたらいい」も、どちらも馬鹿馬鹿しいほど不合理な主張なわけだ。

山本　うん。じゃあ、先生の真意はどこにあるのか？

吉川　ぜひ知りたいね。

山本　先生は、そんなことをいくら思い悩んでも、どのみち馬鹿馬鹿しい結論にしかならないよ、と言っている。

**吉川**　なるほど。

**山本**　そして、ほかに考えるべきことがあるんじゃないか、そう言っているんだよね。

**吉川**　おお。いわば考え方そのものを変えようと言っているわけだ。

**山本**　うん。

**吉川**　では、その考えるべきことって、いったいなんだろう?

# 第 2 章

# エピクテトス哲学の根本原理

## 権内と権外の区別

## もっとも根本的で忘れてはならないこと

**山本** さて、生徒さんの「なんで私が斬首に?」という相談に、エピクテトス先生が「じゃあ、みんなが首を切られたらいいと思うのか?」と答えたという話を紹介したところ。

**吉川** 驚きの回答。はたしてその真意やいかに? これが次のテーマかな。

**山本** うん。先生があんな回答をしたのは、そんな心配をする前に考えなきゃいけないことがあるんじゃないかということを相談者に思い起こさせたかったからなんだよね。

**吉川** ふむふむ。なんだろう?

**山本** それはズバリ、われわれの「権内にあるもの」と「権外にあるもの」の区別。

**吉川** 権内と権外?

**山本** そう。これこそ、哲学をこころざす者にとって、いや、どんな人間にとっても、いちばん根本的で、決して忘れてはならないことだとエピクテトス先生は言う[*]。

**吉川** 権内と権外って、ちょっと聞き慣れない言葉だよね。どういうことだろう。

**山本** 字面から分かるように、権の内と外を区別している。

**吉川** 対になっているね。

**山本** 「権内にあるもの」とは、自分でコントロールできるもの。「権外にあるもの」とは、自分ではコントロールできないもの。

**吉川** ほう。

**山本** 両者の違いは、自分の権利や権力、権限の範囲内にあるかどうか。

**吉川** なるほど。自分の力でどうにかできることと、どうにもできないこととの区別、ということなんだね。

**山本** そう。

**吉川** なんでこの区別がそんなに重要なんだろうか？

**山本** それには、消極的な理由と積極的な理由がある。まずは消極的な理由からいこうか。

**吉川** お願いします。

**山本** それは、われわれの悩みの多くが、この区別に対する混乱から生じているから。

**吉川** というと？

**山本** つまり、われわれは往々にして、自分でどうにかできることには目を向けないで、どうにもできない

＊「権内」「権外」とは、見慣れない言葉かもしれません。「権内」は、権利や権力、権限が及ぶ範囲内というほどの意味です。「権外」はその外のこと。「権内」は、原語である古典ギリシア語では ἐφ᾽ ἡμῖν（エピ・ヘーミン）と書きます。「ヘーミン（ἡμῖν）」は「私」を意味する人称代名詞の一人称複数与格、与格は、基本的に間接目的語を示す語のかたちのこと。これが「エピ（ἐφ᾽）」とセットで「〜にできる」「〜の支配下にある」「〜の力が及ぶ」といった意味になります。つまり、「私たちの力が及ぶこと」というほどの意味です。「権外」のほうは、このエピ・ヘーミンに否定の「οὐκ（ウーク）」がついた形。「私たちの力が及ばないこと」というわけです。これを漢語で圧縮するなら「権内」「権外」という次第。鹿野治助訳の岩波版、中公版でともに採用されている定訳です。古い翻訳を見てみると、『賢哲エピクテート』（斎木仙酔訳、東華堂、一九〇三）では「我等の権力の下に立つものと立たざるもの」としています（二五ページ）。また、ロールストン（Rolleston）による英訳書から訳された『エピクテタスの教訓』（稲葉昌丸訳、浩々洞、一九〇四）では「権能内／権能外」（一四ページ）。やはりロールストンの英訳から訳された『エピクテタス遺訓』（高橋五郎訳、玄黄社、一九一二）では「権内／権外」（五八ページ）とあり、この時期に訳語が定まっていった様子がうかがえます。

ことにかかずらってしまうよね。

**吉川**　ああ。

**山本**　できることをろくにしないくせに、できないことばかり思い描いているじゃないか、というわけだね。

**吉川**　耳が痛い。練習もしないくせに試合には勝ちたいと思っている、みたいな状態かな。

**山本**　それがエピクテトス先生の診断。

**吉川**　厳しいね。

**山本**　彼はこうした状態を、イライラして心の安まらない船の乗客にたとえているよ。

**吉川**　ほう。

**山本**　西風が吹けば船が進むのに、北風ばかりが吹いているとする。すると乗客は「いつ西風が吹くだろうか」とやきもきする。

**吉川**　分かる。

**山本**　でも、人間は風の管理者じゃない。

**吉川**　どちらかといえば、風に吹かれる側だね。

**山本**　そうそう。風を管理しているのはわれわれじゃなくて、アイオロス（風の神）だ。

**吉川**　いまなら自然のメカニズムによって生じると考えるところ。

山本　古代世界では、神様になぞらえていた。

吉川　どっちにしても風を管理しているのは人間じゃないわけだ。

山本　うん。なので、乗客にできることといえば、せいぜい楽しい話でもしながら西風が吹くのを待つことくらいだよね。

吉川　なるほど。どうにかできることならまだしも、どうにもできないことを嘆いても仕方がないじゃないか、というわけだ。

山本　そのとおり。

吉川　身も蓋もないけど、たしかにそうかもね。

## 白旗を掲げるその前に

山本　そこで、首を切られる話に戻ってみよう。

吉川　うん。

山本　もしあの生徒が本当に刑場に引き立てられていく最中だったとしたら、先生にそんな質問をしても仕方がないよね。

吉川　相談どころじゃない。

山本　そこまで事態が進んでしまえば、もう逆転のチャンスもないだろうし。

吉川　うーん。そのときに彼の権内にあることはなんだろう？

山本　そうだね。最期のときを心安らかに、また誇り高く迎えることだ、エピクテトス先生なら、そう断言するはず。

吉川　ちょっと酷薄に響くかもしれないけど、たしかに先生らしい。

山本　かつて奴隷であった先生は、現実の苛酷さと理不尽さをよく知っていた。

吉川　そういえば先生は、ネロの命令によって処刑された元老院議員ラテラーヌスの話をしているね。

山本　例のエピソードね。斬首される際、斬撃が弱かったのでいったん首を縮めたけれども、また黙って首を出したって。

吉川　それそれ。といっても、なんでもあきらめろってことではない。そこは誤解しちゃいけないよね。

山本　そうそう。権内と権外の区別、これがあくまで大事。

吉川　うん。

山本　そして、さいわいにして我々は普通、そこまでは追い詰められないよね。

吉川　少なくとも、どんな生き方が望ましいかを、こうやって考えられる境遇にはある。

山本　この僥倖《ぎょうこう》を活かさない手はない。

吉川　なるほど。だからこそ先生は、なにを本当に考えなければならないかという方向に思考を誘う修辞疑問で答えたのか。

山本　生徒さんは刑場に引き立てられる最中じゃなくて、先生の教室に来ていたわけだから。

吉川　幸運にもゆっくり考えることのできる境遇にある。

山本　そう。君の権内にあることとはなにか、そして権外にあることとはなにか？　よく考えてみたまえ。幸いにして君はいまそれを考えられる状態にあるのだから、と。

吉川　そうだとすると、「どうして私が閑職に追いやられなくてはならないのですか？」「どうして私がフラれなければならないのですか？」という相談に対しても、先生はきっと同じように答えるだろうね。

山本　「じゃあ、みんなが追いやられたらいいと思うのか？」「みんながフラれたらいいと思うのか？」って。

吉川　実際に追いやられてしまってからでは、またフラれてしまってからでは、刑場に連れられていく囚人と同じように、もはや事態を従容として受け入れるしかない。

山本　でも、その前に自分で考えること、やることはいくらでもあるではないか、と。

吉川　うん。なにより現状を把握するのが大事だろうね。会社と自分、恋人と自分のあいだにミスマッチが起きていることに気づかず、ものごとが望んでいないほうへ進んじゃうのでは目も当てられない。

**山本**　現状を知るための観察だね。たとえば、勤め先の会社はどういう状況にあるか、自分はどういう仕事を期待されているか、それに対してどういう働き方をしたいか、そこにはどんなズレや不一致があるか、とかね。

**吉川**　そうやってみて気がついたことについて、すぐに解決できないとしても、課題として関係者と話しあってもいい。

**山本**　ただし、なんでもかんでも先方の期待に合わせてしまっては、めちゃくちゃな無理難題を押しつけられることもあるから、自分を守ることも考えたい。

**吉川**　自分の一存ではどうにもならないこともあるけれど、少なくとも自分にできることはしっかりやっておけということか。

**山本**　中国の故事にある「人事を尽くして天命を待つ」に似たところがあるね。

## 「権内にあるもの」と「権外にあるもの」を見極めよ

**吉川**　こうも考えられないかな。

山本　お、なんだい？

吉川　ある意味では、われわれもまた刑場に引き立てられる囚人と同じなんじゃないかって。

山本　というと？

吉川　生きるとは、恐怖政治のローマにおいても高度資本主義社会の日本においても、死へと向かう道であることに変わりはない、と。

山本　うん。

吉川　先に名前のあがったセネカは、「生涯をかけて学ぶべきことは死ぬことである」という言葉を残しているね。

山本　結局のところ、われわれにできる最善のことは、エピクテトス先生が言うように、たとえ刑場に引き立てられようとも、心安らかに誇りをもって生きること、それだけなのかもしれない。

吉川　死とか言いだすとなんだか悲観的に聞こえるかもしれないけれど……べつにエピクテトスは世をはかなんでこういう答え方をしたわけではないよね。

山本　うん。どんな状況におかれていてもわれわれが考えなければならないことは決まっているよ、と言いたかったんだろうね。

吉川　死に直面するという極限状況をあえて設定することで、それを鮮明に示したかったわけだ。

山本　豊かだろうが貧しかろうが、環境に恵まれていようが恵まれていなかろうが、われわれがすべきことは決まっている。それは、権内にあるものと権外にあるものを区別することだ、と。

吉川　両者の区別をしないせいで、われわれは不必要な悩みにさいなまれるのだ、と。

## 人間にとって一番、幸福な状態とは？

山本　ここまで、権内にあるものと権外にあるものの区別が大事だという話をしてきました。

吉川　自分でコントロールできることとコントロールできないことの見極めだね。

山本　うん。豊かだろうが貧しかろうが、恵まれた環境にいようがいまいが、われわれがすべきことはそれだと。

吉川　うん。

山本　じつはわれわれの悩みの多くは、この区別ができないことからくるんじゃないかというのがエピクテトス先生の診断だった。

吉川　なにもしないで最初からあきらめちゃったり、はたまた、自分ではどうにもならないことでいつまでもクヨクヨしたり。

山本　人生とはままならないものだから、誰にとっても他人事《ひとごと》ではないよね。

吉川　そうした状況から抜け出すためにも、権内と権外の区別が重要になってくる、というわけだ。

山本　でも、この区別が大事であることには、じつはもっと積極的な理由があるとエピクテトスは言っている。

吉川　というと？

山本　それは、両者を適切に区別できている状態こそ、人間にとってもっとも幸福な状態であり、われわれが目指すべき最善の状態だから、というもの。

吉川　ほう。幸福かつ最善。盆と正月がいっしょに来たみたいな。

山本　人間いかに幸福な状態になれるか。これはエピクテトスにかぎらず、古代ギリシアの哲人たちみんなのテーマだったんだよね。

吉川　そして、われわれのテーマでもある。

山本　混乱と恐怖のなかにあってもなお、というか、そうであればなおさら、心安らかに誇りをもって生きていくための指針が必要。

吉川　それを教えてくれる点こそエピクテトス哲学の魅力だよね。

山本　うん。

吉川　そうでなければわれわれは容易に身をもちくずしてしまうだろうから。

## 「打てないボールは、打たなくていい」

吉川　たとえば、何かの拍子にちょっとした成功を手に入れたとして、まわりからチヤホヤされるうちに自分の力量を過大評価するようになり、いざというときにメッキが剝《は》がれて一気に転落、といったことがある。

山本　思わず調子に乗って権外のことまで権内にあるものと勘違いするパターンかな。

吉川　そうそう。よく聞く話だよね。

山本　裏返せば、たとえ仕事や人間関係で失敗したとしても、それは運が悪かっただけ、という可能性も考えられる。

吉川　うん。権内のことについて確信があれば、権外の事情による苦境をやりすごしやすくなるかもしれない。

山本　そういえば、元プロ野球選手の松井秀喜は「打てないボールは、打たなくていい」という言葉を残しているね。

吉川　それな。

山本　エピクテトス的な名言だよね。

吉川　レヴェルの高いバッターは、打撃スキルもさることながら、選球眼もいい。

山本　打てそうにないボールは潔くあきらめる。そして打てるボールに集中する、と。

吉川　好打者は権内と権外の見極めが優れている、ということか。

山本　時代や場所によって、また人によって、境遇の苛酷さの程度や種類はさまざまに異なると思うけど、やるべきことは同じだよね。

吉川　うん。

山本　自らコントロールできることを十全にコントロールしながら、コントロールできないことにいちいち煩わされることのないような状態、これを目指すこと。

吉川　先生は、君にできることを存分にやりなさい！　それ以外のことには悩む必要なし！君のせいじゃない！　と言ってくれている。

山本　最初に「みんなが首を切られたらいいと思うのか？」という回答を聞いたときには、なんて冷たいんだろうと思ったかもしれない。

吉川　正直、驚いた。

山本　でも、先生の真意を知れば、受け取り方も変わってくる。

**吉川**　むしろ独特の解放感があるね。

**山本**　余計なものまで背負い込むなってことだから。

**吉川**　心の重荷を下ろしてくれる。

**山本**　そうそう。

コラム 1

# 古代ギリシア・ローマの哲学者たち

エピクテトスの時代、つまり紀元一世紀から二世紀頃のギリシアやローマには、さまざまな哲学者たちが活動していた。プラトンに由来するアカデメイア派、その弟子のアリストテレスの流れを汲むペリパトス派の他に、しばしばストア派と並べられる人びととして、エピクロス派と懐疑主義の哲学者がいる。では、なぜ本書では多様な哲学者たちのうち、ストア派、エピクテトスに注目するのか。

いずれの哲学派も、それぞれ私たちのものの見方を豊かにしてくれるもので、その主張はいまでも傾聴に値する。エピクロスは、紀元前四世紀から三世紀の人。快楽主義者を意味するエピキュリアンという言葉の由来となった人物だ。その著作はほとんどが失われて断片のみが伝わっている。エピクロスの目標は、心の平安——これをアタラクシアという——をどうしたら得られるかという点にあった。欲望、死の不安、さまざまな迷信に囚《とら》われずに生きるにはどうしたらよいか。この世界の仕組みを知ること、これが彼の処方だ。世界は、それ以上分割できない原子とその運動からできているという、原子論に基づく自然観を提示したのも、言ってみれば世界を理解して心の平安を得るためだった。

懐疑主義は、紀元前四世紀から三世紀に活動した古代ギリシアの哲学者ピュロンに由来する。彼もまた心の平安、アタラクシアへの道を探った人だった。ピュロンの考えでは、絶えず変化してゆく世界について、人がありもしない思い込みをするところから人の悩みが生じる。ならば、そうした思い込みそのものを疑い、保留することで悩みから解放されるだろう。こういう見立てである。紀元二～三世紀の医者セクストス・ホ・エンペイリコスも懐疑主義の哲学者としてよく知られている。

エピクロス派も懐疑派も、私たちが生き方を考えるうえで重要な手がかりを与えてくれる。では、なぜエピクテトスなのか。現代は、人類史上かつてない知識社会といってよい。というのは、インターネット上に分野を問わず、どれほど多くの知識が集積され続けているかを考えてみればお分かりいただけるだろう。ただしそこには事実に対応する知識だけでなく、事実のふりをした嘘も大量に含まれている。私たちは日々、大量の情報やデータを浴びながら、ものごとを決めたり行動したりしている。そうした社会で暮らしてゆくうえで、エピクテトスとストアの哲学の発想は、とても実用的なのだ。そこでこの本で、どう役立つのかをお伝えしようと考えたわけである。

# 第 3 章

## 降臨！

## エピクテトス先生。上司にムカつく30代男性の相談に答える！

## 「それはそうと、相談があるとか……」

吉川　さて、ここまでエピクテトス先生の「権内／権外」という考え方に注目してきました。

山本　なにか問題に直面したり、悩みにとらわれたりしたとき、自分の権内にあることとそうではないこと、つまり権外にあることを適切に区別するのが大事だという話だったね。

吉川　そこを混同すると、不必要なことで悩んでしまったりもする。

山本　いわばエピクテトス哲学の根本原理だね。

吉川　うん。根本原理を確認したところで、こんどはちょっと具体例で考えてみよう。

山本　先生の『人生談義』のように相談に答えるスタイルにしようか。

吉川　いいね。

山本　新聞のお悩み相談みたいなノリで。

吉川　浜の真砂《まさご》は尽きるとも、世にお悩みの種は尽きまじ……。

山本　人間だもの。

吉川　あっ、先生！　こっちこっち！

山本　えっと……？

吉川　紹介しよう。かの高名なエピクテトス先生にご降臨いただきました。

**先生** やっとるね。

**山本** えっ……またまた（笑）。コスプレイヤー？ 見たところだいぶ本格的だね。なんていうか、本物みたいだ。

**吉川** ごめん、話してなかったっけ。この本のためにツテをたどってさ……。

**先生** （テーブルにあるロウブ古典叢書『エピクテトス』を手にとりページを繰る。同書には古典ギリシア語の原文と英訳が掲載されている）ほほう、やっこさん、こんな書き物をしておったか。しかし随分と手を加えてあるようだな。

**山本** やっこさんというのは、お弟子さんのアリアノスさんのことですね。

**先生** そう、なかなか切れる男だった。しかし抜け目なくわしの講義の記録を残していたとは驚いたね。

**吉川** 先生はご本を書き残されませんでしたが、この『人生談義』がご著書の代わりになっているんですよ。

**先生** ふむ。そんなことになるとはな。それはそうと、今日は相談があるとか。

**吉川** そうなんです！ 読者の方から相談が届いているので、ぜひ先生の考えをお聞かせいただけたらと。ほら、山本君、あれを読んで。

**山本** え？ あ、このために用意してたのね。ええと、こんなお悩みが届いています。

私はいま三〇代で、大学院で修士号をとった後、IT企業に勤めて六年目の男です。自分で言うのもなんですが、仕事はできるほうで自信もあります。ご相談したいのは自分のことではありません。今年の春に職場に新しい人が入ってきて、私の上司になりました。女性で私より五歳ほど若い人です。彼女はコンピュータに詳しいわけでもなければ、とりたてて仕事の経験や特殊な技能があるわけでもないのに、日々私たちにあれこれと指図をしてきます。しかも名前は呼び捨てです。非常識だし、理不尽だし、正直言うとムカつきます。いまの仕事は気に入っていますが、この状況に耐えられません。どうしたらいいでしょうか。

## 上司の役割と部下の役割

**吉川** これはまたいろいろこんがらがっていそうだね。

**山本** うん。情報量が多い。

**吉川** あの、先生、いかがでしょうか。

**先生** なんだ、まだそんなことを言っているやつがおるのか！　いささか驚くね。

**山本** アッ、ハイ（なんだか現代人を代表してお詫《わ》びしたい気分に……）

**先生** ローマでもこういう話は、それこそ馬に食わせるほど耳にしたものだ。そもそもなんだね、この男は。

**吉川** というと？

**先生** だってそうだろう。どこまで度量が小さいのか。だいたいなにを気にしているのか。自分の仕事に自信と誇りを持っているのはよろしい。だが、その後がよろしくない。自分より後からやってきた若い女性が上司になった。だからどうしたというのだ。

**山本** 彼は、まさにそのことを気に病んでいますね。

**吉川** この人の場合、ジェンダーバイアスも気になります。年下の女性が上司になったという状況自体に不満を持っているようにも思える。

**先生** 度量が小さいというのはそこのところだ。そもそも彼が部下という立場にあるのは、所属している組織の仕組みで決まっていることだ。能力の有無の問題ではない。組織の指揮系統のなかで、ある者は上司となり、ある者は部下となる。それだけのことじゃないかね？

**山本** まあ、それはそうですね。世の中が全員エピクテトス先生だったら、争いごとも随分減りそう。

**吉川** ただ、先生。議論を明確にするためにお尋ねするのですが、それは現状肯定というものではないでしょうか？　そういうものなんだから、あきらめろとおっしゃるのでしょうか？

**先生**　ふむ。その疑念に答えるために、別の角度から言ってみようか。その上司は監督者なのであろう？

**山本**　はい。いわゆるマネージャーですね。

**先生**　監督者の役割とはなにかね？

**吉川**　監督することです。ありゃ、これだと同語反復か。つまり、職務がちゃんと遂行されるようにチームを動かすこと？

**先生**　さよう。その場合、監督者にとって、個々の専門職にかかわるような能力が高いか低いかは関係ない。なぜなら、監督者の役割はあくまで監督することだからだ。

**吉川**　たしかに、監督のいちばんの役割はチームの指揮ですよね。野球やサッカーでも、「名選手、必ずしも名監督にあらず」という言葉があるように、監督は名選手である必要はない。

**先生**　そもそも監督者である上司と、部下であるこの男とでは、役割がまったく違う。だから見ているものもまったく違うんじゃないかね？

**山本**　そうですね。役割が違えばパースペクティヴ、ものを見るときの遠近感も違う。それは意外と意識しづらいことかもしれませんね。そうはいっても実際のところ、人は自分の視界しか経験していないものだから。

**吉川** 想像のなかで自分と他人の立場を交換してみる難しさですね。

**先生** うむ。そもそも、彼がなすべきは、監督者と自分の専門の能力を比べることではない。そんなことをしてみたところで、なにも得るものはない。

**山本** では、彼はどうすればいいんでしょうね？

## 「上司が年上の男ならよかったのか？」

**吉川** 役割が違うといっても、上司の仕事を理解しようと努めることはできそう。

**先生** むろん。

**山本** ただ、この人の場合、年下の女性が上司という状況自体に不満を持っているようで……はたして理解したいと思うんだろうか。

**先生** ならばこう言おう。いったい彼は、いい仕事をしたいのか？　それとも他人の地位を気にして余計な心配で気を揉《も》みたいだけなのか？

**山本** いい仕事をしたいが、上司が気になってしまう、というのが実情でしょうか。

**先生**　では、この場合、彼の権内にあることはなにか？

**吉川**　ええと、チームのプレーヤーとしての仕事でしょうか。

**先生**　さよう。彼がその組織でなすべきは、自分の専門能力を活かして最大限よい仕事をすることではないのか。上司が年下の女性だって？　それによって彼が自分の専門能力を発揮することにいったいどんな支障があるというのか？　年上の男性ならよかったのか？　上司が彼と同じ専門知識を彼よりはるかに持っていたらよかったのか？

**吉川**　うう……そう問われたら、たしかに、つまらないことで悩んでいるような気にもなってきます。上司が女性だから仕事ができないなんて言うのはしょうもないし、監督者が専門家よりも専門知識を持っていないといけないなんて不合理だし。

**山本**　そもそも基本的に、自分以外の人というのは、自分にとって権外の存在ですものね。

**吉川**　どうにかしたいと思っても、思い通りになるものじゃない。

## 権内の範囲でベストを尽くせ！

**山本**　自分のことにしたって、完全に権内とは言えないよね。たとえば、この人の仕事がプログラミングだとして、常に一発で完璧な、間違いのないプログラムを書くのは難しい。

吉川　たしかにそうだ。
山本　規模が大きくなれば、見落としや勘違いも生まれるからね。
吉川　時にはぼんやりしてしまってうまく書けないこともあるだろうし。
山本　日によっては熱を出して休んだりもする。
先生　そう、我がことだからといって、完全に権内にあるとも言い切れない。しかし、権内にある範囲で最善を尽くすことはできる。
山本　悩み相談というよりは、悩みの不適切さを考え直す相談になってきましたね……。
吉川　すると先生、この相談は、まさに先生のいう権内と権外の混乱から問題がもつれてしまっている例ということでしょうか。
先生　まさしくそうだ。そして、そのもつれをほどくことで、当初の問いがつくりかえられるわけだ。
山本　先生、こういうことになるでしょうか。
先生　言ってみよ。
山本　はい。彼がなすべきは、自分の専門技能を活かして、組織において与えられた仕事が最良のかたちになるよう目指すことだと。
先生　そのとおり。

**吉川**　では、上司についてはどう考えたらよいでしょうね？　少なくとも年下で女性であるという点は気にしても仕方がないとして。

**先生**　監督者について考えるべきことがあるとすれば、監督者がその役割を適切に果たしているかどうかだ。ただし、この相談者の男が、監督という仕事を適切に判断できるかどうかはまた別の話だ。

**吉川**　それこそマネージメントという能力に照らしてこそ判断できる。

**山本**　あるトピックについて、適切に判断するだけの能力を自分が持っているかどうか、自覚する必要がある。

**吉川**　でないと、自覚のないまま不適切な判断をしてしまうことにもなりかねない。

**山本**　いずれにしても、マネージャーが適切にマネージメントできているかどうかを議論することはできるし、この場合、理にかなっているね。

**先生**　もし監督者がなすべき仕事を適切に果たしていないのなら、そのことについて当人なり、さらに上の人間と検討すればよい。だが、仮に役割や技能の区別もしないまま、これと同じ相談を、他の人やさらに上の立場の者に訴えたところで、一笑に付されるのがオチであろう。

**吉川**　たしかにそうでしょうね。しかし、組織におけるそれぞれのメンバーの役割や技能を判断するというのも、なかなか難儀ですね。

## 「理性」という能力

**先生** そうだ。簡単なことではない。しかし、不可能というわけでもない。

**吉川** というと?

**先生** なぜなら、われわれには、理性という能力があるからだ。

**山本** 理性、ですか。

**先生** さよう。人間のさまざまな能力について、それをなすべきか、なすべきでないかを考察できる能力だ。

**吉川** ここまでのところ、権内/権外の区別まではご紹介しましたが、先生の理性についての所説はまだこれからです。

**先生** そうか。

**山本** そういうわけで、再び不肖の弟子ふたりの対談に戻りましょうか。いま先生がおっしゃった、われわれが持っている理性についての、先生のお説を解説します。

**吉川** 理性の勉強をした後に、あらためて先生にご登場を願い、いろいろと教えていただきたく思います。

**先生** うむ、わかった。

**山本・吉川** 先生、今回は本当にありがとうございました。またよろしくお願いいたします。

# 第 4 章

## 理性を働かせよ！

### 理性的能力のユーザーガイド

## 「自分自身を考察するもの」とは？

吉川　前章では、エピクテトス先生におでまし願いました。

山本　突然ご降臨なさって驚いたね。

吉川　それで、悩み相談をしたのでした。

山本　「上司にムカつく三〇代男性の相談に答える」っていうね。

吉川　これ、相談者も相談者だと思ったけど、先生も先生で……。

山本　相談に乗るというよりも、お説教しているみたいだったね。

吉川　いわれてみれば、『人生談義』にはそういう展開が多い。

山本　さすが哲学者というべきか、悩みを生みだした条件や状況に目を向けて、再検討していくというスタイル。

吉川　そもそもどうしてそんな悩みが生まれたんだっけと、足元を見直してみるわけだ。

山本　対症療法でなんとかするのではなくてね。

吉川　ときにそれも必要だし有効だろうけれど、先生はつねに根っこから考え直す。

山本　というわけで、再びエピクテトス先生の教えの検討に戻ろうか。

吉川　うん。どこから続ければいいかな。権内と権外の区別についてはすでに議論したよね。

山本　前章の終わりで触れた「理性」から始めるのがいいんじゃないかな。

吉川　そもそもどうしてここで理性が顔を出すんだっけ。

山本　その件については、『人生談義』に収録の『語録』冒頭に立ち戻る必要があるね。

吉川　ええと、『語録』の巻頭には、邦訳で「われわれの権内にあるものとわれわれの権内にないもの」と題した章がおかれている。

山本　さっそくここで権内／権外という最重要概念が説明されるんだよね。

吉川　でも、ちょっと唐突に話が始まる感じで。

山本　そうそう。

吉川　前説もなく人間がもっている諸能力の検討が始まる。

山本　読んでみようか。最初の一文はこんなふうに始まる。

---

他の諸能力のうちどれ一つとして、自分自身を考察するものでないこと、従って自分自身を是認したり、否認したりするものでないことを諸君は発見するだろう。[*1]

*1　エピクテートス『人生談義（上）』（鹿野治助訳、岩波文庫、一九五八）、一四ページ。

吉川　続いて具体例として、読み書きの能力とか音楽の能力が例に挙げられているね。

山本　いまなら、車を運転する能力とか、プログラミング能力とかも入るのかな。

吉川　あと、コミュ力とか女子力とかいう怪しげな能力も話題になるね。

山本　なるなる。

吉川　人によっていろいろな能力がある。

山本　先ほど読んだ冒頭部分は、ちょっとややこしいよね。

吉川　うん、たしかに。言い回しが。

山本　人にはいろんな能力があるけれど、ほとんどの能力は「自分自身を考察するものでない」と。

吉川　なぜそんなことを先生は言い出したのか。

山本　それが問題だね。ちょっと詳しくみていこう。

吉川　うん。

## 「理性的能力」の登場

山本　たとえば、読み書きの能力――そうだね、話を簡単にするために、書く能力としておこうか。

**吉川**　うん。

**山本**　書く能力というのは、たくさんある文字を区別して、ペンやなにかで実際に文字を書けることだ。

**吉川**　その書く能力は、「自分自身を考察するものでない」というのが先生のご主張。

**山本**　これだけだと、まだなにを言おうとしているのか分かりづらいね。

**吉川**　具体例を聞くと腑に落ちるかも。

**山本**　じゃあ、こんなふうに考えてみよう。友人に手紙を書く場合。メッセンジャーやメールでもいいいんだけど。

**吉川**　LINEでもいい。

**山本**　そう。使う道具はともかく、伝えたい内容を表現するには、書く能力が役に立つ。というか、この能力がないと相手にものを伝えられないよね。

**吉川**　うん。

**山本**　この能力のおかげで、ペンやキーボードを操作し、紙やディスプレイに文字を書きつけることができる。

**吉川**　スタンプを押すのでもいい。

山本　でも、この能力は、あくまでも文字を書く能力だ。

吉川　日本語なら、かなや漢字といった文字を書くことだね。

山本　そう。でも、文字を書く能力は、友人になにを書くべきかについてはなにも教えてくれない。そもそも手紙を書くべきか、書かずにおくべきかについても。

吉川　たしかに、それはものを書く以前の問題だもんね。

山本　じゃあ、いったいぜんたい、なにを書くべきか、あるいは、書くべきか書かざるべきかを判断する能力はなんなのか。

吉川　それこそが「理性的能力」である、というわけ？

山本　うん。そこで理性が登場する。

## デュナミス・ロギケー＝理性

吉川　理性！

山本　そう、理性。

吉川　なかなかどうして、分かったような分からないようなところのある言葉だよね。

山本　日常的にも使うし、哲学の専門用語でもある。

吉川　哲学の世界では、理性とか悟性とか知性とか、似たような言葉も飛び交う。
山本　吉川くんの好きなカント先生の『純粋理性批判』なんか、まさに理性がテーマだね。
吉川　そうそう。他方で、日常の会話で「理性を失う」とか言ったりもするよね。
山本　欲求に負けそうな状況とかね。「理性が飛ぶ」なんて言い方も見かける。
吉川　うーん。いまのところは「物事を判断する能力」くらいに考えておいていいかな？
山本　そうだね。とりあえずそこから出発しよう。
吉川　理性って、例によってヨーロッパ諸言語から翻訳された言葉だよね？
山本　そう、日本語の「理性」がちょっとややこしいのは、これが翻訳語でもあるからなんだよね。
吉川　これも明治時代に西洋の学問を日本語に翻訳しまくった西周《にしあまね》先生によるものかな？
山本　そのとおり。ほかにも主観、客観、帰納、演繹《えんえき》、悟性、感性なんかも彼の手になるもの。
吉川　すごいね、それっぽいやつはだいたい西周。
山本　そもそも「哲学」が彼の発案だしね。
吉川　山本くんはそのあたりについて詳しく調べて本を書いたよね。
山本　うん。『「百学連環」を読む』という本で検討してみたことがあるよ［*2］。
吉川　じゃあ、日本語としての来歴も含めて、少し説明をお願いします。

山本　お任せあれ。一九世紀の終わり近く、明治のころにreason（英語）、raison（仏語）、vernunft（独語）、ratio（ラテン語）に対応する日本語の訳語がいろいろ工夫されたんだよね。その一つが「理性」。

吉川　ふむ。もとは仏教語かな？

山本　そう。「理性」と書いて「りしょう」と読む。「不変の本性」とか「普遍の真理」という意味だった。

吉川　おお、そう言われるとまさにぴったりの言葉のように思えてくる。

山本　まとめると、reasonをはじめとするヨーロッパ諸言語の概念を日本語で受け止める際に、もとからあった仏教語の「理性」と同じ漢語を使ったわけだね。明治の知識人なら、古代中国の「理」という発想、ものごとの筋道のような意味も念頭にあったと思う。

吉川　なるほどね。では、エピクテトス先生の『語録』の原文ではどんな言葉だろう？

山本　「デュナミス・ロギケー」とあるよ[*3]。

吉川　なんかかっこいい。

山本　「デュナミス」は「能力」のことで、「ロギケー」は「ロゴス」にちなむ。これが訳文の「理性」に対応する。

吉川　出た、ロゴス。

**山本** うん。ロゴスはいろいろな意味をもつ面白い言葉で、そう、まさに「言葉」という意味もある。それこそ、ものごとの理《ことわり》にかかわってもいる。

**吉川** そしてロジック、つまり論理のことでもある。

**山本** 邦訳では、これを「理性的能力」と訳しているわけだね。説明はこのへんにして、エピクテトス先生に戻ろうか。

## 「理性はできる子」

**吉川** 先生は、人間がもっているいろんな能力のうち、理性的能力だけが、他の一切についてはもちろんのこと、自分自身（理性的能力）についても考えられる、そういう能力だと言っている。

**山本** 「書く能力とはなにか」とか「踊る能力とはなにか」だけでなく、「そもそも理性的能力とはなにか」なんてことまで検討できる、というわけだ。

＊2 山本貴光『「百学連環」を読む』（三省堂、二〇一六）。

＊3 実際には ἡ δύναμις ἡ λογική と定冠詞がついた形。*Epictetus I* (Translated by W. A. Oldfather, Loeb Classical Library, Harvard University Press, 1925), p. 8.

山本　かなり特別な能力っぽいね。

吉川　理性はできる子。

山本　他の能力の場合、たとえば書く能力は、そんなふうに「書く能力とはなにか」とか、「どんな場合に書くべきか」といったことを考えたりしない。

吉川　こういう感じかな。書く能力というのは個別の技術。だから書く作業以外の事柄とは関係ない。他方で、理性的能力のほうは、人間が行うあらゆることについて判断する能力であると。

山本　その整理はいいね。個別の技術とは異なる、全般的な判断の能力。

吉川　そう聞くと、とても重要な能力に思えるよね。

山本　理性という能力があるからこそ、われわれにはものごとを適切に判断できる可能性がある。

吉川　エピクテトス哲学の要《かなめ》である権内／権外の区別そのものが、理性的能力に支えられているというわけだ。

山本　そのとおり。

吉川　これはただごとではないね。

山本　そういうわけで、理性という言葉の来歴について学んだけれど、こんどはその内実を探っていこうか。

**吉川** そうしよう。

## 「心像」とは？

**山本** そのためには、ここでひとつ、おもしろい言葉というか概念を導入する必要がある。

**吉川** お、どんな？

**山本** まずはエピクテトス先生の言葉を引こうか。

> 神々はすべてのうちで最も有力で肝要なもの、すなわち心像の正しい使用だけはこれをわれわれの権内に置いたが、その他のものはこれをわれわれの権内に置かなかった。[*4]

**吉川** 「心像の正しい使用」とな？

*4 エピクテートス『人生談義（上）』（鹿野治助訳、岩波文庫、一九五八）、一五ページ。

山本　うん。

吉川　「正しい使用」は分かるとして、「心像」かあ。分かるような気もするけど……文字を見ているとなんだかドキドキしてくるよ。

山本　それは心臓な。

吉川　そうか。どんな概念なんだろう。これも由来を知りたいね。

山本　原語では「パンタシア」(ファンタシア)[*5]といって、これは英語でお馴染みのfantasyの語源でもある言葉。

吉川　ほう。英語の場合、「空想」とか「幻想文学」というときの「幻想」といった意味かな。どちらかというと現実離れしている感じだよね。

山本　パンタシアのほうは「人間の意識や精神になんらかの対象が現れること」といった意味の他に、「想像力」という意味もあるようだね。

吉川　それを聞くと「心像」という漢字も腑に落ちる。心になんらかの像が浮かぶということだ。というよりも、そのままといってよい訳語。

山本　ちなみに英訳では“external impressions”と訳している。

吉川　ほう、「外界についての印象」としてるんだ。ちょっと踏み込んでるね。

山本　そうなんだよね。日本語では扱いにくいけれど、複数形になっている。実際にはギリシア語のほうも「パンタシアイス」と複数形なので、英訳はそれを受けているわけだ。

**吉川** ふむ。もろもろの心像か。ちょっといいかな。

**山本** どうぞ。

**吉川** 英訳の解釈は「外界についての印象」ということだけど、さっきのパンタシアの意味を素朴に考えると、外からやってくるか、内からやってくるかはともかくとして、意識になにかが現れるというふうに読めそうだね。

**山本** そうなんだよね。実際、辞書によっては「直接であれ記憶の中であれ、真実であれ幻想であれ」と書いてあったりする[*6]。つまり、いままさに知覚していることでも、過去の記憶によることでも、本当のことでも、そうでなくても、というわけだ。

**吉川** 面白いね。これって、西洋哲学で連綿と続いている認識論の議論でつねに論じられてきたことでもあるね。

**山本** まさに。人間は世界をどんなふうに認識しているのか、認識できるのか、はたまたでき

*5 エピクテトスの文章に現れるのはφαντασίαις という形。これはφαντασία の複数形・与格。*Epictetus I* (Translated by W. A. Oldfather, Loeb Classical Library, Harvard University Press, 1925), p. 8.

*6 Henry George Liddell and Robert Scott, *A Greek-English Lexicon* revised and augmented throughout by Sir Henry Stuart Jones with the assistance of Roderick McKenzie (Clarendon Press, 1940) のφαντασία の項目に "appearance, presentation to consciousness, whether immediate or in memory, whether true or illusory" とある。

ないのか、という問題だね。

**吉川**　で、英訳者はこれを「外界についての印象」としているところを見ると、内面で感じる印象、つまり記憶に基づく印象ではない、と捉えている。

**山本**　では、実際のところエピクテトス先生は、どんな意味で、この「心像」という概念を使っているのか。そこがポイントだ。

**吉川**　じゃあ次は、その問いを念頭に置きながら、「心像の正しい使用」とはどういうことなのか、探っていこうか。

**山本**　そうしよう。

## もし自分の体が自由自在なら……

**吉川**　エピクテトス先生は、こう述べていた。

神々はすべてのうちで最も有力で肝要なもの、すなわち心像の正しい使用だけはこれをわれわれの権内に置いたが、その他のものはこれをわれわれの権内に置かなかった。

［*7］

山本　そして「心像」とは、わたしたちが抱く「印象」、心に浮かぶ像ということだった。
吉川　逆に「心像」以外のものは、権内にないわけだ。
山本　うん。
吉川　さっきの引用の直後に出てくるけど、たとえば、自分の身体（肉体）とか財産のようなものは、権外のもの。
山本　自分の体が権外というのは、どうかな。すんなり納得できるだろうか。って、やけに力強く頷いてるね。
吉川　そりゃそうだよ。私は長いこと卓球をやってるんだけど、もし自分の体が自由自在なら、どんなプレーも完璧にこなせるはずだよね。
山本　あ、そうか。でも実際は……
吉川　体は必ずしも思う通りには動かない。多くの人が日々痛感しているんじゃないかな。
山本　楽器なんかも同じかも。自分の指を完璧に制御できるなら、どんな超絶技巧を要求される曲だって弾きこなせちゃうよね。

＊7　エピクテートス『人生談義（上）』（鹿野治助訳、岩波文庫、一九五八）、一五ページ。

**吉川** それに、望んで風邪をひいたりする人もいない。

**山本** 自分でそうしようと思わなくても、体が調子を崩したり、なにかが起きたりする。うん、たしかに自分の体とはいえ、権内にあるとは言えないね。

**吉川** そもそも内臓にしたって脳にしたって、自分でなんとかしようと思って動かしているというよりは、勝手に動いているようなものだし。

**山本** それに対して神様は、人間に「意欲と拒否の能力、欲求と忌避の能力、つまり心像を使用する能力」を与えたのだ、と書かれている〔＊8〕。ここでちょっと心像の具体例が分かる。

**吉川** 意欲と拒否、欲求と忌避ということは、なにかをしようと欲したり、避けようとしたりすることか。

**山本** で、エピクテトス先生は、神様――というのはこの場合、ゼウス――の口を借りて、こんなことを言わせている。

> それ〔心像を使用する能力〕に注意し、その中にお前のものを置くならば、お前は決して邪魔されもしないだろうし、また決して妨害されもしないだろう、また嘆いたり、非難したり、何人にもへつらったりしないでいられるだろう。〔＊9〕

吉川　肉体とか財産についてはそうもいかないけれど、自分の心像の使用については、権内にあると指摘しているわけだ。

山本　でも、どうだろう。そうはいっても、われわれは結構、外界で起きることによって、心が千々に乱れたりしているんじゃないだろうか。

吉川　うん。

## ポスト・トゥルース時代の心像

山本　われわれはずいぶん複雑な世界に生きていて、それゆえに、人が抱く心像もじつに多種多様であって……。

吉川　心像を正しく使用するどころか、なんだかよく分からないまま諸々《もろもろ》の心像に振り回されている感がなきにしもあらずであり……。

山本　とくに最近は、ポスト・トゥルースなんていう言葉が流行語になるくらいで。

吉川　虚実入り混じった多量の情報にさらされている。

＊8・＊9　＊7に同じ。

**山本**　フェイクニュースといって、故意に偽りのニュースが捏造・流布されたりもしている。

**吉川**　実物と見分けがたい文章や写真、最近では音声や動画までコンピュータで作成できてしまう。

**山本**　ディープラーニング（深層学習）というコンピュータの手法を使って作られるフェイクをディープフェイクなんて言ったりもするね。

**吉川**　こうなると、虚実を見分けるのはますます難しくなるし、惑わされてしまいそうだ。

**山本**　それに、エコーチェンバーとかフィルターバブルと呼ばれる現象も注目を集めているよね。会社とかグループのような集団のなかだけで意見が反響しあって、外の人が見たらすぐ分かるような間違いに気づかないのがエコーチェンバー。

**吉川**　フィルターバブルは、ネットで検索するとき、検索エンジンが気を利かせて、こっちが好みそうな結果ばかりを選んできて、見たくない情報には目を向けずにいられる、という状態だね。

**山本**　検索結果をそのまま見せてほしいと思っても、勝手にそういう調整をかけてくる。しかも、気づきにくいんだよね。誰か他の人と、同じ言葉を検索した結果を比べたりしないと分からない。

**吉川**　それで結局、知らず知らずのうちに自分に都合のよい情報ばかりを浴びているなんて可能性もある。

山本　自分がたこつぼ（なんらかの専門や組織）の中にいることを忘れて、たこつぼの外でなら馬鹿馬鹿しく思えるような判断ミスをしてしまったり、気づかないうちにネットの検索結果がアルゴリズム（プログラム）によって調整されていたりする。

吉川　そうなると、外界の情報どころか、自分のことも信用できなくなってくるよね。

山本　まったくね。

吉川　自分自身の心像といかにしてつき合っていけばいいのか、これがいまほど難しい時代はないかもしれない。

## 心像と戦え!?

山本　エピクテトス先生は、そんなわれわれの苦境を見越していたかのような話をしてくれているよ。

吉川　ほう。

山本　『語録』第三巻第六章の「心像にたいして、いかに戦うべきか」がその箇所［*10］。

吉川　なるほど。エコーチェンバーやフィルターバブルと戦いなさいと。

山本　うん。考えてみれば、ネットやSNSはなくとも、こうした問題は大昔からあっただろうからね。

吉川　プラトンが『国家』で描いた洞窟の比喩なんかも、いまになって思えば、ポスト・トゥルース論のはしりかもね［＊11］。

山本　そうそう。洞窟で壁に映る影だけを見て暮らす人がいるとしたら、彼らは影を実体そのものだと誤認する。さらに人びとの声が洞窟内で反響して、その思い込みは確信になる。

吉川　まさにエコーチェンバー（反響室）だ。

山本　メディアの発達程度や情報量の多寡にかかわらず、これは普遍的で本質的な問題なんだろうね。

吉川　それで、先生はなんて言っているんだろう。

山本　先生はこう言っているよ。

まずその激しさにさらわれるな。むしろ「心像よ、ちょっと待ってくれ給え。お前は何なのか、何についての心像なのか見させてくれ給え、君をしらべさせてくれ給え」というがいい。［＊12］

吉川　まずはいったん立ち止まれと。

山本　うん。そして、自分に現れた心像がいったいどんなものなのか、よく吟味すべしというわけ。

吉川　なるほど。戦うといっても、取っ組み合いのケンカをせよというわけではないのだね。

山本　そもそも人間は心像に激しく心を乱されるものだという認識がエピクテトス先生にはあるんだね。

吉川　なにかを目にしたり話を聞いたりして、怒りが湧いたり驚いたりすることがあるよね。

山本　自分でそうしようと考えて怒ったり驚いたりするというよりは、ほとんど反射的にそういう状態になるといったほうが近いくらいだよね。

吉川　だからこそ、いったん退いておのれの心像をよく吟味せよというわけか。

山本　激しい感情を喚起する諸々の心像に自分を委ねてしまったら、それこそフェイクニュースの思うツボだもんね。

吉川　たしかに、多くのフェイクニュースはわれわれの怒りや憎しみといった激しい感情を喚

＊10　エピクテートス『人生談義(上)』(鹿野治助訳、岩波文庫、一九五八)、一九八－二〇二ページ。
＊11　プラトン『国家(下)』(藤沢令夫訳、岩波文庫、一九七九)、九四－一〇三ページ。
＊12　エピクテートス『人生談義(上)』(鹿野治助訳、岩波文庫、一九五八)、二〇一ページ。

起するようにうまくつくられている。

**山本** 目にすると、思わず「そうだ、そうだ！」と言いたくなるような。

**吉川** 自分の思い込みにマッチしている場合には、なおさら。

**山本** もうちょっと強く、フェイクニュースはわれわれの心像のあり方につけ込んでいると言ってもよい。

**吉川** じゃあ、そのように現れた心像を、どんなふうに吟味すればいいんだろうか？

コラム 2

## 古代ギリシアの幸福論

古代ギリシアといえば、ヨーロッパにおける哲学発祥の地。「知ることを愛好する」という意味を持つピロソピアというギリシア語が、後にラテン語を経由して、英語のフィロソフィーをはじめ、フランス語やドイツ語その他の諸言語に借用されて、日本では幕末から明治のころに「哲学」と訳された。

哲学は、この世界、人間や動植物や自然、あるいは宇宙について適切に認識することのほかに、人間はどのように生きればよいか、幸福とはなにかといった課題にもさまざまに取り組んできた。この「幸福」という課題についても、考え方は哲学者や学派によって多種多様だ。

人間はどういう状態になれば幸せか。たとえば、古代ギリシアの哲学者、エピクロス（紀元前三四一―二七〇）は、人間は死に対する恐れや不安から解放されることで「アタラクシア」の境地にいたると説いた。古典ギリシア語に「タラッソー」という動詞があって、これは「悩む」とか「かき乱す」といった意味。そこに否定の接頭辞「ア」がつくと、「悩みのない状態」「かき乱されない状態」となる。日本語では「平静」「静穏」「不動」という意味だ。

また、ストア派は「アパテイア」の状態を理想とした。アパテイアもやはり古典ギリシア語で、パトスがない状態を指す。パトスとは情念や苦痛のこと。アタラクシアと同様、否定の接頭辞「ア」がついて、「情念や苦痛のない状態」となる。

アタラクシアもアパテイアも、人間が心に抱く悩みや情念といったものから、どうやって離れるかという関心に基づいている。人は放っておいても、日々さまざまな悩みや欲求にとりつかれるもの。そういう人間のあり方を反映しているようでもあり、この感じをそのまま日本語に訳すのは難しい。

# 第 5 章

## 哲学の訓練

## 幸福を呼ぶ
## トレーニング

心像との戦い＝哲学の訓練

**吉川** 前章では、ポスト・トゥルースとかフィルターバブル、エコーチェンバーといった最近の話題と、エピクテトス先生のいう「心像」との関係について考えました。

**山本** 少し込み入った話だったから、ちょっと復習しようか。

**吉川** うん。

**山本** 心像とは、われわれが抱く印象、心に浮かぶ像を広く指す言葉。その心像の正しい使用こそ、わたしたちの権内にある唯一の能力だとエピクテトス先生は言います。

**吉川** そして心像の正しい使用とは、なにをしようと欲し、なにをしないでおくか、なにを求め、なにを避けるかの区別を適切に行う能力を指す、と。

**山本** でも、各種メディアの発達と普及によって、心像を正しく使用することがなかなか難しい時代になっている。

**吉川** うん。いまわれわれは煽《あお》り記事やフェイクニュース、それに炎上商法みたいなものに四六時中さらされているからね。

**山本** そうしたものに接して、われわれの頭の中は多種多様な心像で満たされるわけだけど、なかには好ましいとはいえないような心像もたくさん浮かんでくる。

吉川　必ずしもフェイクでなくても、たとえばSNSに知人の幸福そうな写真がアップされただけで、自分の人生がみじめなものに思えてきたり。

山本　美味しそうな料理とか、楽しそうなパーティーの写真とか？

吉川　そうそう、そういうものを見ただけで、ウラミ・ツラミ・ネタミ・ソネミの感情がムクムクと……。

山本　そういえば、SNSをやめたら幸福感が増すという研究結果もあったね［＊1］。

吉川　SNSの過度な使用は、自分ではなく他人がなにを持っているかに注意を向ける傾向に拍車をかけて、結果的にその人の幸福感を損ねてしまうのかも。

山本　「あいつの暮らしがうらやましい」という心像に振り回されている。他人の生活なんて、自分の権外にある事象の最たるものなのにね。

吉川　ほんとそう。でも、私も身に覚えがあるんだけど、ついつい気になってしまうものなんだよね。

山本　エピクテトス先生は、そうした心像が現れてくること自体を否定したりはしない。相田みつをじゃないけど、人間だもの、そういうこともあるさ、って。

＊1　https://www.afpbb.com/articles/-/3066190

吉川　だからこそ、おのれの心像と戦おうではないか、というのが先生のメッセージだった。

山本　もっとも、戦いとはいっても、心像を攻撃したりするんじゃなくて、心像をよく吟味しなさいという意味だけど。

吉川　うん。

山本　そして、この心像との戦い、心像に対する吟味が、そのまま哲学の訓練になる。ここがポイント。

吉川　なるほど。心像を正しく使用する能力を高めるトレーニングというわけだ。

山本　そのとおり。

吉川　実際にはどんなふうに訓練したらいいんだろう？

## エピクテトス流ブートキャンプ？

山本　エピクテトス先生は、『語録』第三巻第二章「進歩しようとする人は何について修行せねばならないか、およびわれわれは最も大切なことをおろそかにしているということについて」で、このことについて語っているよ［＊2］。

吉川　タイトルからして耳が痛い……。

山本　ほかにも、第三巻第八章「心像に対してどう練習せねばならないか」や、第一二章「訓練について」がある。
吉川　似たような話を何度もしてるんだね。
山本　そう、『語録』は講義をそのまま書き起こしたものだから話の重複も多いんだよね。
吉川　そこが分かりやすい理由でもあるけれど。
山本　このあたりの先生の議論をまとめて検討してみようか。
吉川　うん、そうしよう。
山本　まず先生は、心像には大きく分けて三つの領域があると言っている。
吉川　ほう。
山本　第一は、欲望の領域。
吉川　欲望！
山本　なにかを欲望して得そこなうことのないように、なにかを回避しようとしてかえってそれに陥ってしまうことのないようにするための領域だと、先生は言っている。
吉川　なるほど。第二は？

＊2　エピクテートス『人生談（下）』（鹿野治助訳、岩波文庫、一九五八）、一七－二〇ページ。

山本　第二は、義務についての領域。

吉川　義務！

山本　これについては、秩序正しく、合理的に行動し、不注意に行動することのないようにするための領域だと。

吉川　ふむ。そして？

山本　そして第三は、承認についての領域。

吉川　承認！

山本　これは、だまされたり、おだてられたり、そういう人間関係で失敗しないための領域だと先生は言っている。

吉川　欲望、義務、承認と。

山本　三つの領域のすべてが重要だけれど、なかでも最も緊急を要する領域は、第一の欲望の領域だと先生はいう。

吉川　どうしてだろう？

山本　それは、この領域の心像が激情を喚起するから。

吉川　激情！

山本　うん。激情は、欲望して得そこなったり、回避しようとしてかえってそれに陥ったりした場合に生じる。これが不安、喧騒、不幸、不運、悲哀、悲嘆、嫉妬、羨望をもたらす。

**吉川** そうして生じた激情が、われわれの理性の働きを鈍らせてしまう、というわけだね。

**山本** そう。理性というのは、われわれの権内にある唯一の能力であり、激情のせいでこれが働かないと、心像の正しい使用ができなくなり……と、すべてが駄目になってしまう。

**吉川** なるほどね。まずは激情のとりこにならないようにというわけだ。とはいえ、感情をまったくなくしてしまうなんてことは……。

**山本** できない相談。

**吉川** だからこそ訓練が必要になるというわけだ。

## 捨てるのではなく、コントロールせよ

**山本** それにしても、こうして見てみると、エピクテトス先生は、人間というものは脳裏に去来する種々の心像に惑わされがちであることをよく知っていたのがわかるね。

**吉川** われわれがSNSで友人をうらやんだり、投稿の「いいね！」の数に一喜一憂したりするのを見たら、どう思うだろうね。

**山本** あいかわらずだなあ、って笑うかな。

吉川　そうだね。そして、だからこそ心像を正しく使用するには訓練が必要なんだと続けるだろうね。

山本　それで、その訓練方法についてお話ししているのでした。

吉川　復習すると、先生はまず、トレーニングに先立って、心像には大まかにいって三つの領域があるとおっしゃる。

山本　欲望に関する領域、義務に関する領域、承認に関する領域だね。

吉川　三つとも重要であることはもちろんだけど、なかでも第一の欲望の領域はもっとも急を要するものなんだそうな。

山本　欲望というものが、われわれに激情を引き起こすことが多いからだね。

吉川　まあ、そうかもしれない。そういえば、俗に「人間の三大欲」と呼ばれるものがあるよね。

山本　食欲、性欲、睡眠欲。

吉川　うん。この三つが変に妨げられたり、あるいは暴走したりすると、やばいことになる。

山本　人生を棒に振ることにもなりかねない。

吉川　おそろしい。

山本　ちなみに、仏教の教えでは、大ざっぱにいって、あらゆる欲を捨てることが推奨されるよね。

**吉川**　うん。

**山本**　そして、欲や執着から完全に自由になった状態が、解脱とか涅槃と呼ばれる。

**吉川**　悟りの境地だ。

**山本**　この境地にいたるには、たくさんの修行や学習が必要だというので、さまざまな教えがある。

**吉川**　そういえばエピクテトス先生も、欲とつきあうには訓練が必要だといっているよね。

**山本**　どちらも、訓練や自覚なしには、欲というものはうまく扱えないと見ているわけだ。

**吉川**　世の中で起きる出来事を見ても、自分のことを顧みても、現在でもまったくその通りだと思うな。

**山本**　あいかわらずだよね。

**吉川**　じゃあ、エピクテトス先生の教えと仏教の教えは同じなのかな？

**山本**　まさにそこがポイントで、考えどころです。

**吉川**　ということは、両者は違うということだね？

**山本**　うん。エピクテトス先生の場合、欲そのものを無にしようとするわけではない。

**吉川**　仏教のように欲を無にするのではないとしたら、キリスト教のように欲を禁じるのかな？

**山本**　そのどちらでもないんだよね。

**吉川**　ふむふむ。

## 「操欲主義」のススメ

**山本**　英語のstoicは、もともと「ストア派の」とか「ストア哲学の」という意味なんだけど、その哲学が「禁欲主義」と訳されるのは、ちょっと面白い。

**吉川**　日本語でも「ストイック」って、そういう意味で使ったりするよね。

**山本**　うん。

**吉川**　「飲み会、来ないの？」「ごめん、ちょっと……」「どうしたの？」「じつは今日、原稿の締切なんだ」「いいじゃん、明日で。飲も飲も！」

**山本**　寸劇が始まった。

**吉川**　「いや、そういうわけにもいかなくてね」「そう？」「うん。それじゃ！」「あいつ、ほんとストイックだよな」って。以上、寸劇終わり。

**山本**　この本もそのようにして書かれました。

吉川　それこそストイックに。

山本　さて、ストア派は、果たして禁欲的なのかどうか。

吉川　ここはひとつ、「ストア派＝禁欲主義」と単純にとらえたくなる気持ちをぐっと抑えて検討してみよう。

山本　おお、ストイック。実際、エピクテトス先生をはじめストア派の哲学は、なにかをガマンするというのとはちょっと違ったふうに考えるんだよね。

吉川　ふむ。

山本　欲を禁じるのでなく、コントロールせよ、というわけ。

吉川　ふむふむ。

山本　吉川くんが出してくれたさっきの例も、結果だけ見ると欲を禁じているようにも見える。でも、単純化していえば、実際には「飲みに行きたい」「締切を守りたい」という二つの欲求のあいだで考えて、あえて締切の遵守を選んだわけだ。

吉川　そのとおり。

山本　かといって、宴会には一生行かないと決めたわけではないよね。

吉川　うん。行けるなら行く。

山本　つまり、欲に対する態度は「禁じる」「満たす」、あるいは「無にする」以外にもあるということだね。

**吉川**　「抑える」とか「先延ばしにする」とか「別の欲に換える」とか、いろんなコントロールの仕方がある。

**山本**　そうそう。コントロールの結果、欲を禁じることもあるかもしれない。でも、なんでもかんでも禁じるわけではない。我慢したり、逆に「いまは欲を満たそう」と肯定したりすることだってありえる。

**吉川**　なるほど。われわれの権内にある事柄をコントロールせよと先生が強調するのは、そういうことだったのか。

**山本**　そう考えると、禁ずるのとコントロールするのとは、だいぶちがうことだよね。

**吉川**　うん。少なくともエピクテトス先生にかんして言えば、「ストイック＝禁欲主義」とは断定できない。

**山本**　あえて言えば「制欲主義」かな。

**吉川**　もうちょっとポジティヴに「操欲主義」と言ってもいいかも。

**山本**　そして欲を含む心像の正しい使用こそ、われわれの権内にある唯一の能力だと。

**吉川**　では、心像を正しく使うには、どう訓練したらよいか。

## 練習、練習、練習あるのみ

山本　エピクテトス先生の提案はものすごくシンプル。

吉川　ほう。どんな?

山本　練習あるのみ、かたっぱしから吟味・検討せよ、と。

吉川　具体的にはどういうことだろう?

山本　先生はこう言っているよ。

夜明けるとすぐ外へ出て行って、誰であろうと君が見たり聞いたりする者を吟味するがいい、そして質問に答えるように答えるがいい。君は何を見たか。美しい男をか美しい女をか。基準を当てがって見るがいい。それは意志外のものか、それとも意志的なものか。それは意志外のものである。棄てるがいい。君は何を見たか。子供の死を悲しんでいる人をか。基準を当てがって見るがいい。死は意志外のものである、棄て去るがいい。君は総督と逢ったのか。基準を当てがって見るがいい。総督とはどんなものか。意志外のものか、それとも意志的なものか。意志外のものである。それも棄てるがいい。それは通用しないよ、投げ棄て給え、君にとって何でもないのだ。もしわれわれがそれをなして、そして毎日朝から晩までそれに対して鍛えるとしたならば、神に誓ってきっと、何か生じたことだろう。ところが今われわれは、唖然として、すべての心像によってすぐ捕われているのである。〔＊3〕

**吉川** まずは早起きしろと。

**山本** そこから訓練が必要だね(笑)。というか、この場合は、早起きそのものが大事というより、できるだけたくさんの心像を吟味せよ、ということだね。

**吉川** うん。

**山本** このくだりで、先生は三つの例を出して、ほぼ同じ形の議論を繰り返している。

**吉川** ほう。

**山本** 何かを見ろ。基準を当てがってみろ。意志外のものなら棄《す》て去れ。これが骨子となっている。

**吉川** ひたすらこれを繰り返せと。まさに練習だね。

**山本** スポーツでも楽器でも言語でもなんでもそうだけれど、繰り返すことではじめて身につく。

**吉川** 逆にいえば、そうやって練習しないとできるようにならない。

山本　エピクテトス先生の指南のなかで、ポイントは「基準を当てがってみろ」かな。

吉川　ここで「基準」というのは、それは権内（意志内）のものか権外（意志外）のものか、という区別のことだよね。

山本　うん。そして、権外のことにはかかずらうな、と。

吉川　そう考えてみると、先の引用文でもそうだけど、われわれが出会う心像は、ほとんど権外のものになりそう。

山本　そうそう。その意味では、世の中はかかずらう必要のない、いってみれば、どうでもいいことに満ちている。

吉川　棄て去るがいい！　って、すごいね。でも、もうちょっと判断が微妙な例はないだろうか。「基準」の切れ味がわかるような。

## 激情をクールダウン

山本　じゃあ、こういうのはどうだろう。

＊3　エピクテートス『人生談義（下）』（鹿野治助訳、岩波文庫、一九五八）、二二二－二二三ページ。

（われわれは）もし総督を見るなら「幸福な人」といい、追放された者を見るならば、「可哀そうな人」というのだ。また、貧しい人を見るならば、「哀れな人、彼は食う術がないのだ」という。〔*4〕

**吉川** 一見、微妙な問題はどこにもなさそうだけど……。

**山本** それが、おおありなんだよね。

**吉川** なぬ？

**山本** もし、総督を見て「幸福そう」という心像が浮かんだり、追放された人を見て「可哀そう」という心像が浮かんだり、貧しい人を見て「哀れだ」という心像が浮かぶとしたら、それは由々しき問題だ、そう先生は言っている。

**吉川** どうしてだろう？

**山本** われわれが現に目にしているのは、あくまで総督であり、追放された人であり、貧しい人だよね。

**吉川** ああ、なるほど。それなのに、われわれは彼らに対して、幸せそうだとかかわいそうだとか哀れだとかいう心像を勝手に貼りつけている、と。

**山本** そう。実際のところどうなのか、分からないのにね。

吉川　たしかに。総督も苦悩しているかもしれないし、追放された人はかえってせいせいしているかもしれない。貧しい人だってじつは満ち足りた生活をしているのかもしれない。

山本　うん。先生はこう言っているよ。

不幸とは何なのか。それは思いなしである。争いとは何なのか、争論とは何なのか、非難とは何なのか、不平とは何、不信心とは何、無駄話とは何なのか。これらすべては思いなしであって、他の何物でもない。そして意志外のものについて、あたかもそれが善いものか悪いものであるように思う思いなしなのである。人はこれらのものを意志的なものと置き換えるべきである、そうすれば私は彼の周囲の事情がどうであろうと確乎不抜であることを保証する。[*5]

吉川　ふむふむ。美しい男が美しいのはそもそも意志外（権外）のことなのに、自分の頭のなかで美しい男＝幸せ＝うらやましいなんて「思いなし」を野放しにしておくから、羨望や嫉妬といった激情にのみ込まれてしまうのだと。

*4　*3に同じ、二三ページ。
*5　*3に同じ、二三―二四ページ。

山本　うん。自分のなかに「うらやましい」という心像が浮かぶのは、避けられないことかもしれない。でも、そうしたときに一歩ひいて、それは単なる思いなしであり、いま自分の目の前には美しい男がいるという意志外の出来事があるだけだと。

吉川　それを意志的なものと置き換えろというのは、そういう思いなしをする代わりに、うらやましがったからといって、それでどうにかなるものではないと捉えなおすということかな。

山本　あるいはもう少し積極的に考えるなら、たとえば他人の美しさをうらやむ代わりに、自分の身なりを整えたり、自分が魅力的に見えるように工夫してみたりするとかね。

吉川　それなら自分の意志内でできることだ。

山本　ついでながら「確乎不抜《かっこふばつ》」というのは、しっかりして動かない、動揺しないという意味だね。

吉川　そんなふうにして、自分にあらわれる心像をひとつひとつ検討していくわけか。なかなかたいへんだなこりゃ。

山本　たいへんだけど、日々訓練あるのみ、というのが先生の教えだね。

## ひとつの基準、たくさんの練習

吉川　そういえば、事故や故障で電車が止まったとき、駅員さんにわめきたてる人っているよね。

山本　いくら文句を言ったところで、それで電車が動くようになるわけじゃないのに。

吉川　もちろん、大事な約束に遅れそうだとか、いろいろと事情はあるだろうし、誰だってそういう立場になったら困るだろうけど。

山本　でも、文句を言う暇があるなら、ほかになすべきことがあるのも明白だよね。

吉川　約束の相手に連絡をしたり、上司や部下に相談したり、次善の策を講じたり。

山本　それに、よしんば電車の遅延によって、後からカバーできない損失が生じてしまったとしても、それはもう、どうしようもないことではないか。

吉川　究極的に言えばそうだ。

山本　だからこそ、不測の事態で自滅してしまわないように、われわれは普段から練習しておかなければならない。

吉川　権内か権外か、あらゆる心像にこの基準を当てがってみろ、そして権外のものなら棄て去れ、と。

山本　そう、ひとつの基準、たくさんの練習。

吉川　キャッチフレーズにできそうだね。

**山本**　トレーニングの機会は、それこそ日常生活のいたるところにありそう。

**吉川**　自分もあんなふうにイケメンだったらよかったのにとか、お金持ちだったらよかったのにとか、ほかの国で生まれたらよかったのにとか、いくら願っても願いがかなうことはない。

**山本**　その代わり、自分の意志で変えられることに時間を使えばいい。あるいは、自分の意志で変えられることを増やすのもいいね。

**吉川**　なるほど。知識を得たり、技能を身につけたりすれば、自分でできることが増えるわけだ。

**山本**　そう。たとえば、コンピュータで文章を書いていたら、突然動かなくなる。

**吉川**　あるある。なんべん遭遇しても心臓に悪い。

**山本**　ドキッとするよね。で、コンピュータやソフトのしくみを何も知らないと、そこでお手上げ。

**吉川**　「なんにも変なことしてないのに！」って。

**山本**　でも、いくら呪いの言葉を吐いても、失われた文章は帰ってこない。

**吉川**　その場合、せめて覚えている範囲で書き直すのが次善の策かな。「やれやれ」ぐらいは言うにしても。

山本　同じ状況でも、もしコンピュータやソフトのしくみを理解していれば、書きかけの文章が自動保存されている可能性を検討できる。

吉川　そういえば、私もそれで何度助かったか分からない。

山本　いまの例のように、同じ状況でも自分が知っていることやできること次第で、権内の範囲もちがうわけだね。

吉川　じゃあ、われわれはなにを学んだり身につけたりすればよいのか、という話にもつながりそうだ。

山本　その点も後で検討することにしよう。

吉川　うん。

山本　いまは話を戻せば、権内か権外かというひとつの基準を十分使いこなせるように、たくさん練習せよということだった。

吉川　それがエピクテトス流の哲学の訓練なんだね。

山本　うん。

## ニーバー先生とフランクル先生

**吉川** ところでね、エピクテトス先生の話を聞いていると、思い出す言葉があるんだ。

**山本** なんだろう？

**吉川** 「ニーバーの祈り」ってあるでしょう？

**山本** ああ、「静穏の祈り」とも呼ばれるものだね。

**吉川** 出所については諸説あるけれど、アメリカの神学者ラインホールド・ニーバーが教会の説教で語ったとされている。

**山本** 後にはアルコール依存症を克服するための自助グループなどでも唱えられるようになっているね。

**吉川** そうそう。こんな言葉。

> 神よ、変えることのできない事柄については冷静に受け入れる恵みを、変えるべき事柄については変える勇気を、そして、それら二つを見分ける知恵をわれらに与えたまえ。[＊6]

**山本** じつにエピクテトス的、ストア的な言葉。

**吉川** うん。両者の影響関係についてはわからないけれど、エピクテトス先生の教えと通底するものがあるよね。

**山本** 自分が悪癖に染まってしまったという事実を変えることはできない。それによって自分だけでなく大切な人たちを傷つけてしまったという事実も。でも、自分の行いを改め、これから未来を変えることなら、努力次第でできるかもしれない。

**吉川** うん。これが依存症克服の自助グループで活用されているというのも頷けるね。

**山本** それを聞いて、私はまた別の言葉を思い出したよ。

**吉川** 聞こうじゃないか。

**山本** ナチスの強制収容所から生還して『夜と霧』を書いたヴィクトール・E・フランクルという精神科医がいるでしょう。

**吉川** おお、有名な「コペルニクス的転回」だね。

**山本** そうそう。強制収容所の極限的な状況において、こんな回心が起こったと彼は言うんだ。

＊6 ラインホールド・ニーバー『義と憐れみ——祈りと説教』（梶原寿訳、新教出版社、一九七五）、題辞。

ここで必要なのは、生きる意味についての問いを百八十度方向転換することだ。わたしたちが生きることからなにを期待するかではなく、むしろひたすら、生きることがわたしたちからなにを期待しているかが問題なのだ、ということを学び、絶望している人間に伝えねばならない。哲学用語を使えば、コペルニクス的転回が必要なのであり、もういいかげん、生きることの意味を問うことをやめ、わたしたち自身が問いの前に立っていることを思い知るべきなのだ。[*7]

**吉川** うーん。ずっしりくるね。

**山本** 人生になにかを期待しているかぎり、それは自分の外側、つまり権外のものごとに対してかなわぬ期待をかけているのと同じことだと。

**吉川** そうであるかぎり、われわれは自分ではどうしようもない権外のものごとに翻弄されつづけると。

**山本** 逆に、自分のほうこそが問われているのだと考えなければ、自分の人生を生きることができない、そうフランクルは言うんだよね。

**吉川** そして自分が問われているとは、自分の権内、意志内のものごとが問われているということだ、と。

**山本** うん。こう考えると、奴隷であったエピクテトスと同様、フランクルもまた強制収容所で立派にストア哲学を実践した人だということになる。

**吉川** 一九〇〇年という時間を経てもなお、ストア哲学の教えは脈々と息づいているというわけだ。

*7 ヴィクトール・E・フランクル『夜と霧 新版』(池田香代子訳、みすず書房、二〇〇二)、一二九–一三〇ページ。

# 第 6 章

## 再降臨！

## エピクテトス先生、見えない未来をどう選んだらいいですか？

**山本** 先に進む前に、このへんでもう一つ、お悩み相談を読んでみようか。

**吉川** そうしよう。たくさん来てるね。

**山本** 人の数だけ悩みがあるというか、一人ひとりがいくつか悩みを持っていたら、それだけでえらい数になる。

**吉川** これはどうかな。中高生たちが共通して抱えているかもしれない。

はじめまして。高校に通っています。三年生で、進路を決めなければなりません。得意なことや好きなことがあるわけでもなく、強いていえば小説を読むのが好きなので、大学の文学部に進学しようかと思っています。ただ、両親は文学を勉強しても就職できないから、もっと役に立つものを選んだらどうかと言います。学校では、キャリアプランを設計して将来について考えてみようと言われています（両親や先生が私と同じ歳のころ、どう考えていたのか聞いてみたいです……）。理屈としては分かるのですが、率直に言えば興味を持てません。そもそも五年後や一〇年後に何が役立つのか、どうしたら分かるのでしょうか。自分で考えろと言われるかもしれませんが、なにかアドバイスをもらえたらうれ

# 筑摩書房　新刊案内

● 2020. 3

●ご注文・お問合せ
筑摩書房営業部
東京都台東区蔵前 2-5-3
☎03(5687)2680　〒111-8755
http://www.chikumashobo.co.jp/

この広告の定価は表示価格＋税です。
※刊行日・書名・価格など変更になる場合がございます。

**梨木香歩**

## 風と双眼鏡、膝掛け毛布

双眼鏡を片手にふらりと旅へ。地名を手掛かりにその土地の記憶をたどり、人とそこに生きる植物や動物の営みに思いを馳せ、創造の翼を広げる珠玉のエッセイ集。

80493-8　四六判（3月18日刊）**予価１５００円**

**山本貴光／吉川浩満**

## その悩み、エピクテトスなら、こう言うね。

——古代ローマの大賢人の教え

仕事、進路、人間関係……。尽きない悩みも、古代の賢人に学べば、みるみる氷解。不安をなくし、自分でできることを拡張するためのヒントに満ちた人生哲学の書！

84750-8　四六判（3月14日刊）**予価１４００円**

**今井むつみ**

## 親子で育てる ことば力と思考力

たくさん単語を暗記してもことば力は育たない。ことばの意味を自分で考えて覚えれば、ことば力、思考力、学力もアップ。その仕組みと方法をわかりやすく伝える。

84749-2　四六判（3月下旬刊）**予価1300円**

6桁の数字はISBNコードです。頭に978-4-480をつけてご利用下さい。

3月の新刊 ●11日発売

# ちくま文庫

## 土曜日は灰色の馬

恩田陸

**恩田陸が眺める世界**

顔は知らない、見たこともない。けれど、おはなしの神様はたしかにいる——。あらゆるエンタメを味わい尽くす、傑作エッセイを待望の文庫化!

43647-4
720円

## 向田邦子ベスト・エッセイ

向田邦子　向田和子 編

**人間の面白さ、奥深さを描く!**

いまも人々に読み継がれている向田邦子。その随筆の中から、家族、食、生き物、こだわりの品、旅、仕事、私…、といったテーマで選ぶ。（角田光代）

43659-7
900円

## 悪意銀行

都筑道夫　日下三蔵 編

洒落た会話と何重にも仕掛けられる罠、激烈な銃撃戦（死者多数）とちょっぴりお色気、そして結末は完全予測不能。近藤・土方シリーズ第二弾が復活。

43660-3
800円

## 増補 みんなの家。

光嶋裕介

●建築家一年生の初仕事と今になって思うこと

道場を兼ねた内田樹邸「凱風館」ができるまでを綴った前著に、今の思いを各章ごとに書きおろし。考え続ける建築家の今を伝える1冊。（鷲田清一）

43655-9
960円

## 落語家のもの覚え

立川談四楼

個性の凄い師匠の下での爆笑修業話から始まりネタを含めた物事の記憶法、忘れない方法を面白く説く。意外な視点から実生活にも役立つヒントが満載。

43651-1
840円

6桁の数字はISBNコードです。頭に978-4-480をつけてご利用下さい。
内容紹介の末尾のカッコ内は解説者です。

## 住み開き 増補版

アサダワタル

●もう一つのコミュニティづくり

自宅の一部を開いて、博物館や劇場、ギャラリーにしたり、子育て世代やシニアの交流の場にしたりして人と繋がる約40軒。7軒を増補。（山崎亮）

43658-0 820円

## 好評の既刊

＊印は2月の新刊

- **注文の多い注文書** 小川洋子／クラフト・エヴィング商會 この世にないもの探してください 43593-4 860円
- **佐武と市捕物控 江戸暮しの巻** 石ノ森章太郎 マンガ史上に輝く傑作シリーズ！ 43599-6 780円
- **アサイラム・ピース** アンナ・カヴァン 山田和子 訳 その叫びは、美しい歌になる 43603-0 860円
- **沙羅乙女** 獅子文六 こんなに面白い小説がまだある!! 43601-6 840円
- **御身** 源氏鶏太 60年前の禁断の恋愛小説、遂に復刊!! 43609-2 780円
- **わたしの中の自然に目覚めて生きるのです 増補版** 服部みれい 悩みの答えを見つけるには 43611-5 680円
- **森毅ベスト・エッセイ** 森毅 池内紀 編 生きるのがきっと楽になる。 43615-3 950円
- **赤塚不二夫のだめマンガ** 赤塚不二夫 三振でホームランのマンガなのだ！ 43621-4 780円
- **父が子に語る日本史** 小島毅 次の世代に何を伝える？ 43624-5 800円
- **温泉まんが** 山田英生 編 白土三平、つげ義春、楳図かずお、他収録 43631-3 780円
- **したたかな植物たち ●あの手この手のマル秘大作戦【秋冬篇】** 多田多恵子 眠れなくなるほど面白い植物の本！ 43619-1 950円
- **家族最初の日** 植本一子 家族で過ごした、素晴らしい瞬間の数々がここにある 43627-6 980円
- **独居老人スタイル** 都築響一 ひとりで生きて、何が悪い。人生の大先輩16人のインタビュー集 43626-9 1000円
- **やっさもっさ** 獅子文六 〝横浜〟を舞台に鋭い批評性も光る傑作 43638-2 840円
- **エーゲ 永遠回帰の海** 立花隆 須田慎太郎［写真］ 伝説の名著、待望の文庫化！ 43642-9 1000円
- **高峰秀子の流儀** 斎藤明美 没後10年の今読みたい、豊かな感性と思慮深さ 43630-6 860円
- ＊**鴻上尚史のごあいさつ 1981-2019** 鴻上尚史 「第三舞台」から最新作までの「ごあいさつ」！ 43636-8 1200円
- ＊**小川洋子と読む 内田百閒アンソロジー** 内田百閒 小川洋子 編 最高の読み手と味わう最高の内田百閒 43641-2 880円

6桁の数字はISBNコードです。頭に978-4-480をつけてご利用下さい。

3月の新刊　●11日発売

# ちくま学芸文庫

## 類似と思考　改訂版

鈴木宏昭

類似を用いた思考＝類推。それは認知活動のすべてを支える。類推を可能にする構造とはどのようなものか。心の働きの面白さへと誘う認知科学の成果。

09969-3
1200円

## 大名庭園　■江戸の饗宴

白幡洋三郎

小石川後楽園、浜離宮等の名園では、多種多様な社交が繰り広げられていた。競って造られた庭園の姿に迫りヨーロッパの宮殿とも比較。（尼崎博正）

09968-6
1300円

## 戦後日本漢字史

阿辻哲次

GHQの漢字仮名廃止案、常用漢字制定に至る制度的変遷、ワープロの登場。漢字はどのような議論や試行錯誤を経て、今日の使用へと至ったか。

09972-3
1200円

Math & Science

## はじめてのオペレーションズ・リサーチ

齊藤芳正

問題を最も効率よく解決するための科学的意思決定の手法。当初は軍事作戦計画として創案されたが、現在では経営科学等多くの分野で用いられている。

09975-4
1100円

6桁の数字はISBNコードです。頭に978-4-480をつけてご利用下さい。
内容紹介の末尾のカッコ内は解説者です。

――しいです。

吉川　いま進路を考えるのはたいへんだ。

山本　彼女も書いているけど、五年後にどうなっているかなんて分からないからね。

吉川　インターネットやスマートフォンの普及にしても人工知能ブームにしても、こんなふうになると事前に予想できた人はいないだろうしね。

山本　フィンテックとか暗号通貨とか、こういう技術が現れたり広まったりすると、人びとのライフスタイルも変わるし、人間の集合体である社会の様子も変わるからね。

吉川　当然、そうした生活や社会にかかわる仕事とか、仕事に必要な知識やスキルも時代によって変わる。

山本　そうなんだよね。そして、たいていは必要だということが明白になってから教育や育成が始まる。昨今の人工知能人材はその好例。

吉川　人工知能自体は、少なくとも一九五〇年代から試されてきたもので、日本は一九八〇年代のブームのときには、国が結構な投資もしたんだよね。

山本　第二次人工知能ブームのときだね。それが下火になって、人工知能研究はまた冬の時代に戻る。その後、ディープラーニング（深層学習）という手法が現れて、従来は難しかった

**吉川**　画像認識とか車の自動運転とか、そういった応用の道が開けたのは二一世紀になってからのことで、いまは第三次ブームのまっただなか。

**山本**　それが使えそうだと分かってから、押っ取り刀で人材を育成しなきゃってなるんだよね。

**吉川**　実用性が明白になってからでは遅いんだけどね。それはともかく、そうした変化のなかで将来を考えるのはとても難しい。

**山本**　それだけに、将来を考えて、いま決めろというのは随分酷な話だよね。

**吉川**　いま流行しているものがそのまま五年後、一〇年後も流行っているとはかぎらない。

**山本**　職種や企業にしても、一〇年単位で見れば栄枯盛衰があるしね。

**吉川**　うん、それに大人たちにしても、自分だってかつてはよく考えていなかったかもしれないのを忘れて、子供たちには「将来を考えろ」って言うんだよね。

**山本**　その場合の「将来を考える」は、ほとんど「どんな仕事をするか」という意味だ。

**吉川**　話を整理すると、「将来社会で何が必要とされるか分からない状況で、職業とそれに必要な知識を選べ」となるかな。

**山本**　彼女のご両親や先生が提示する課題はそう言えるね。他方で、高校生の立場からみれば、もうちょっと違う課題とも言えそう。

**吉川**　というと？

吉川　ほら、彼女は大学進学を考えているでしょ。

山本　文学部でどうかと考えているんだったね。

吉川　そして大学は基本的に職業訓練の場所ではない。

山本　そうだね。法科大学院や専門職大学みたいな特化したところを除けば、学問の府だ。

吉川　そう、それなのに大人たちは就職のためのステップとして大学を選ぶことを勧めている。

山本　相談者はなにを学ぶかで大学を考えているわけだ。それ自体はまっとうなことだよね。

吉川　それを踏まえて、相談者の立場から課題を整理するとどうなるかな。

山本　ええと、「将来社会で何が必要とされるか分からない状況で、将来就く職業を念頭におきつつ高校卒業後の進路を決める」となるかな。

吉川　われわれがいま高校生だったとしても厄介な課題だ。

山本　とりわけ、ものすごくやりたいことがあるわけでもない、という場合にはね。しかもそれって至極当たり前の状態でもあると思うんだよね。

吉川　十何年かの人生で、やりたいこととか好きなことに出会っている人は幸いかもしれない。

山本　そう考えると課題は二つありそうだね。やりたいことがないけどそれでも決めねばならない、というのが一つ。もう一つはさっきの、どう決めるか。

吉川　操欲主義という話をしたけれど、欲望がない状態や自分がなにを欲しているのか分からない状態もあるわけだ。

## やりたいことが分からない

**山本** これは実際、高校生や専門学校生や大学生と接していると、よく相談されることでもあるなあ。

**吉川** そういうときはどう答えてるの？

**山本** やりたいことが見つからないのは無理もないことだから焦らなくてよい。ただ、どちらにしてもいまの社会で将来ご飯を食べるには、なにかしら仕事をする必要がある。

**吉川** 現実的だ。

**山本** そう、変に夢と希望を語ってもなあと思って。じゃあなんの仕事がいいか。これを考えるには、実際世の中にどんな仕事があるのかを見渡して、ある程度選択肢を目に入れておく必要がある。というのは、かつて自分が全然そんなことを考えてなかった反省を込めてなんだけど。

**吉川** いまならそのつもりで探せば、情報は集めやすいからね。

**山本** で、興味が湧くものがあれば試してみればいい。

吉川　なかったら？

山本　結局それが困っちゃう。なにかこう、目指したくなったり憧れたりするようなロールモデルが見つかるといいんだよね。

吉川　生き方って、たぶんほとんどは誰かの真似をするようなものだからね。真似したい対象があると、方針を決めやすいかもね。山本くんがゲームクリエイターになったのは、目指してなったんじゃないの？

山本　学生からもよく訊《き》かれるんだけど、それが違うんだよね。ほとんどなりゆきというか。簡単に言うと、就職活動をあまりしたくなかった。

吉川　ほう。

山本　本を読んだり映画を観たりするのは好きだったから、会社のお金でそういうことができるようなところがいいなと考えたわけ。しょうもない動機だけどね（笑）。

吉川　でも一応方針はあったわけだ。

山本　できれば就職もしたくないけど、他に選択肢もないからなにか選ぼうと思って考えてみたんだね。

吉川　なにかしら自分にとって望ましい条件を考えた。

山本　そう。で、途中は端折《はしよ》るけど、光栄（現・コーエーテクモゲームス）というゲーム会社を受けることにした。

**吉川** 会社のお金で本を読んだりできそうという基準で選んだと。

**山本** そんなわけでゲームクリエイターになろうと思って選んだんじゃないんだよね。

**吉川** とはいえ、子供のころからゲームで遊んだり、プログラムしたりしてたんだっけ。

**山本** 小学校高学年くらいからプログラムに興味が出て、それ以来独学だけどずっとやってたかな。

**吉川** そういう意味では、自分の経験を土台にして選んだとも言えるね。

**山本** たしかにね。まったく未経験のことにチャレンジしたのとは違うな。吉川くんは出版社に入ったんだよね。それは目指してそうしたんだっけ。

**吉川** 自ら選んだという意味では目指したわけだけど、じつは私も山本くんと似たり寄ったりなんだよね。

**山本** ほう。

**吉川** まず、中学生のころから卓球の実業団選手になりたいという夢はあったんだけど、全国大会にも進めず挫折した。その後、大学に進学して本を読むのが好きになった。

**山本** そうだったね。

**吉川** で、われわれ共通の師匠である赤木昭夫先生（元NHK解説委員、慶應義塾大学教授）に就職相談したときに、こんなふうに言われた。

**山本** なんて？

**吉川** 「仕事中に堂々と本を広げていられるのは出版社くらいですぞ」って。

**山本** ははは。そりゃそうだ。

**吉川** そういうわけで、出版社を選びました。

**山本** なんだかチョロいね。

**吉川** 私もなりゆき任せに近い。

**山本** 多くの人に聞いて回ったわけでもなくて、ただの実感といえば実感だけど、人は案外そのときのなりゆきと、自分の興味とかやってることで次の方向を選んだりしているものだよね。

**吉川** いろんな人の伝記なんかを読んでも、ほとんどみんな、偶然と言いたくなるような要因で進路が決まっている。

**山本** いろんな仕事を転々とした挙げ句に作家になった人とか。

**吉川** とはいえ、これからはじめて進路を選ぶ高校生にしてみれば、なかなかそうも思えないかもしれない。

**山本** じゃあ、こんなとき、エピクテトス先生ならなんと言うか考えてみようか……。

**吉川**　あっ、先生！　こっちこっち！

**山本**　呼んであるんかい。

**吉川**　相談コーナーだからね。

**先生**　やっとるかね。

**吉川**　先生、今日もよろしくお願いします。ほら、さっきの相談を。

**山本**　あ、ええと、こんな相談が届いています。

**先生**　ふむ。船の行く先をどう決めるべきかというのだな。諸君の考えを聞こう。

**吉川**　自分の権内にあるものと権外にあるものを見極めること、これがなによりのポイントです。

**先生**　左様。それから？

**山本**　この場合なら、なにが権内／権外にあるだろう。未来の社会がどうなっているかは権外だ。

**吉川**　周囲で助言をしてくれる大人たちも基本的には権外だね。私の意のままになるものではないから。

山本　逆に自分の権内にあると言えるものはなんだろう。

吉川　選択肢からどれかを選ぶことは一応権内と考えてよさそうだね。

山本　選択通りにことが運ぶかどうかは、自分以外の要因ともかかわるから権外だとしても。

吉川　で、問題は相談してくれた高校生が、特にやりたいことがない、自分の欲望が分からないことだった。

山本　欲望がないとき、それでも次になすべきことを決めねばならないとき、人はどうしたらよいか。

先生　欲望を得そこねないためには、日ごろから鍛錬がおおいに必要である。

吉川　しかし先生、この場合はどのようにトレーニングしたらよいでしょう。

先生　まず肝心なのは、何事も突如として生じるものではないという道理を知ることだ。考えてもみたまえ。ブドウやリンゴが欲しければどうするか。私なら時間が必要だと答えるだろう。まず種を蒔き、花を咲かせ、しかる後、実を結ばせるがいい。人の心も同様であろう。違うかね?

吉川　店で売っていなければ、そうする他はありませんね。

山本　将来をどうすべきかという目標や進路も、言い換えれば、そうした決定をする自分の意識状態も、決めねばならないからといって、ぱっと決まるものではない。

**先生**　人間の心の実も、そんな短時間でやすやすと手に入るとはかぎるまい。それは期待せぬことだ。

## 権内にあるもの

**吉川**　そうだとすると、この相談の課題はこう言い換えられるかな。将来の目標や進むべき道に向かう自分の心は、どうしたら育てられるか。

**山本**　それなら検討できそうだ。さっき話し合ったロールモデルを見つけるというのは、その方法の一つかもしれない。

**吉川**　「こんなふうになりたい」という欲望を喚起する存在だからね。

**山本**　あと、彼女は小説には興味があるから大学の文学部に進むのはどうかという案を持っていた。これをどう吟味するかだね。

**吉川**　そう、親御さんは文学部だと卒業後に就職できなさそうだと考えているようだった。

**先生**　すべての活動において、それに先立つことと、その後に続くことを考察し、それからとりかかるがいい。大学の文学部に入るとなにをすることになるか。そのためにはなにをすべきか。

**山本**　文学部もいろいろあるけど、小説に関係するものだと、英文学や日本文学の研究とか、場合によっては創作コースや批評のコースもありそう。

**吉川**　もう少し広げれば、文学という営みが現在のわれわれの社会のなかで、どんな位置を占めているかを確認する必要もあるね。

**山本**　文学にかかわっている人たちを考えてみるとよさそうだ。それこそ詩や小説を書く詩人や作家もいれば、批評家や研究者、教育者もいる。

**吉川**　たとえば、書店員や、出版社で文芸書を扱う編集者も、文学にかかわっている人たちだ。

**山本**　あとは、実際に大学で文学を学んだ人たちが、その後どんな進路をたどっているかを調べてみると、さらに多様だろうね。文学には直接かかわらない仕事をしている人もたくさんいるだろうし。

**先生**　そうした後のことを考察すれば、そこには素敵なことも困難なことも、ともに含まれているのが分かるだろう。諸君の社会において、作家の置かれた立場をわしは知らぬ。だが、もし生活のために創作をしているなら、書いたものが売れないこともあるだろう。望むように評価されないこともあるだろう。

**吉川**　なかなか芥川賞をとれないとか。

**山本**　書きたい雑誌に掲載されないとか。

**先生**　事前に考察せずに作家の道へ進む者は、いざそうした困難が生じてから動揺するだろう。だが、まず事柄がどのようなものなのかを考察するがいい。その上で、君がそうした困難に堪えられるかどうか、君自身の性分を見るがいい。

**吉川**　その際、自分の権内にあることと権外にあることを、ある程度見分けておくことも肝心だ。

**山本**　そうしないと無用な悩みを抱え込むことになる。

**先生**　でたらめに、欲望のままにとりかかれば、そうなっても不思議はないのだ。

## 自分の性分も忘れずに

**山本**　他のどんな進路でもよいけれど、大学の文学部に進むとしたら、そこではどんな事柄が生じうるかを事前によく考察する、ということですね。

**吉川**　そうしてよく考察すれば、親御さんが言うように「文学部だと就職できない」のか、そうではないのかもはっきりするし、素敵なことだけでなく、どんな困難が待ち受けているのかも見えてくる。

**先生**　その上で、自分自身の性分もよく検討することだ。文学の研究者になるとすれば、作品や作家や歴史について、あるいは言語をよく研究することになるだろう。問いを立て、先行研究を吟味して、問いに対する答えを探って頭を働かせる。自分はそうした仕事に必要とされる根気をもちあわせているだろうか。たくさんのものを読むことが苦ではないだろうか、という具合にな。

**吉川**　これはちゃんとやろうとしたら一仕事だ。

**山本**　普通に高校の授業を受けているだけでは視野に入らないことかもしれないね。自分で調べないと。

**吉川**　性分ということでいえば、私の場合、専門的な研究を何年も何十年も粘り強く続けられるとはとうてい思えない。だからいまのような体たらくなんだけど。

**山本**　逆にいえば、本人にそういう根気があれば向いている可能性がある。

**先生**　いいかね、ゆめゆめ忘れてはならないが、なにかを欲して実現しそこないたくなければ、あるいは反対に、なにかを避けたいと思って失敗したくなければ、絶えざる訓練が不可欠なのだ。だから、そうした吟味にとりくむなかでも、君の外部にある意志外のものではなく、自分の権内にあるものに注意を向けるべきことをよく知っておいてもらいたい。

**吉川**　先生、ありがとうございました。

**山本**　お帰りはお気をつけて！

**吉川**　先生の話は、言われてみると当たり前のように思えるんだけど、いざ自分でそんなふうに考えられるかというと、そうもいかないんだよね。

**山本**　それこそ訓練を重ね続ける必要がありそうだね。

**吉川**　うん。

**山本**　次章では、そうしたエピクテトス先生の教えを支えるストア哲学について、もう少し体系的に学んでいこうか。

**吉川**　そうしよう。

コラム3

# エピクテトスに私淑した先輩たち

エピクテトスは本人がなにも書き残さなかったにもかかわらず、弟子のアリアノスがまとまったメモを残したおかげで後世に伝わったのは本文でも話したとおり。

そのつもりで歴史を眺めてみると、エピクテトスの考え方に学んだ人も少なくないことが分かる。たとえば、同じくストア派に分類されるローマ皇帝マルクス・アウレリウスの『自省録』を読むと、彼がエピクテトスの教えを受け継いでいるのがよく分かる。パスカルや清沢満之《きよざわまんし》、フランスの探検家アレクサンドラ・ダヴィッド゠ネールのように、エピクテトスを自らの思想を導く師と仰ぐ人も少なくない。

そうかと思えば、ジェイムズ・ジョイスやJ・D・サリンジャーといった作家たちは作中でエピクテトスを引用しているし、ハンナ・アーレントの蔵書にはエピクテトスの古典ギリシア語版があって、彼女が熱心に読んだ痕跡がマルジナリア（書き込み）として残されている。

一風変わったところでは、アメリカの軍人ジェイムズ・ストックデールのように、ヴェトナム戦争で捕虜になり、収容所での拷問をはじめとする苛酷な状況を、エピクテトス哲学によって正気を保って乗り切ったという人もいる。彼は、搭乗した航空機が撃墜され、パラシュートで地上に降り立つまでのあいだ、こう考えたという。「少なくとも五年は帰れない。わたしは技術の世界を離れ、エピクテトスの世界に入る」と[*]。「一風変わった」と言ったが、むしろエピクテトスが生き抜いた古代ローマによほど近い状況に置かれながら、その哲学を実践した人物かもしれない。

幸い私たちが捕虜になり拷問にかけられる可能性は低いものの、人生で遭遇するさまざまな問題に向き合うとき、エピクテトスの教えが実生活にも役立ちうることがお分かりになるだろう。

＊ このエピソードを含めて、ストックデールとエピクテトス哲学の関係については、マッシモ・ピリウーチ『迷いを断つためのストア哲学』（月沢李歌子訳、早川書房、二〇一九）の第九章に詳しい。ストックデールの言葉の訳文も同書一四一ページからお借りした（一部字句を変えている）。原文は "Five years down there, at least. I'm leaving the world of technology and entering the world of Epictetus.", in VADM James B. Stockdale, "Stockdale on Stoicism II: Master of My Fate," p. 5 (https://www.usna.edu/Ethics/_files/documents/Stoicism2.pdf).

# 第 7 章

# ストア哲学の世界

## 論理学、自然学、倫理学

ストア学徒エピクテトス

山本　さて、第5章で「哲学の訓練」が終わりました。
吉川　エピクテトス先生のブートキャンプ。
山本　なかなかしんどかったね。
吉川　これからはラクできるかな？
山本　いやいや、ここで止めるとリバウンドしちゃう。
吉川　ダイエットか！
山本　言い得て妙かも（笑）。余計なことを空想して無用な心配や不安を抱かないための訓練でもあるからね。
吉川　たしかに。嘘か真か分からない断片的情報を目にして、空想が膨らみがちだけど、そうならないようにするわけだから。
山本　というわけで、哲学の訓練、つまり心像を正しく用いる訓練も、継続あるのみ！
吉川　そうだった。「ひとつの基準、たくさんの練習」だね。
山本　うん。基準というのは、権内（意志内）のものか権外（意志外）のものかという区別。で、練習というのは、その基準でできるだけたくさんの心像を吟味してみること。

吉川　意識して繰り返すことで、やがてどんな場面でも自然にできるようになると。
山本　精神衛生のためにもぜひ身につけたい。
吉川　それと、第5章ではニーバー先生とフランクル先生にもご登場願った。
山本　「静穏の祈り」と「コペルニクス的転回」ね。
吉川　たいへんストア的な、座右の銘にしたい言葉だった。
山本　ついでにエピクテトス先生の言葉をもうひとつ紹介しておこうか。

――人々を不安にするものは事柄ではなくして、事柄に関する考えである。[*1]

吉川　おお、これはまた先生の思想を端的に表しているね。
山本　三人の先人たちの言葉を胸に、これからも哲学の訓練に励んでいこうではないか。
吉川　おう！
山本　さて、これからしばらくのあいだ、エピクテトス先生の哲学的ルーツを探っていこう。
吉川　二〇〇〇年以上にわたって受け継がれているストア派の魂を。

*1　エピクテートス『人生談義（下）』（鹿野治助訳、岩波文庫、一九五八）、二五五ページ。

山本　そう。先生の生いたちや経歴については最初のほうで紹介したから、こんどはエピクテトス哲学のバックボーンであるストア派の考えを少し体系的に学んでみようか。

吉川　そうしよう。

## 柱廊の哲学

吉川　そもそもストア派の「ストア」ってなんだろう？

山本　ストアというのは古典ギリシア語で「柱廊」という意味。

吉川　柱が並んで廊下みたいになっている場所ということ？

山本　そうそう。当時のアテナイのアゴラ（広場）を囲む一辺に「彩色柱廊」（ストア・ポイキレ）というのがあって、そこに戦争画や戦利品などが飾ってあったそうだよ。

吉川　へえ。で、それが哲学となんの関係があるんだろう？

山本　当時は学園の所在地の名をとって学派を名づける習慣があってね。ほら、プラトンのアカデメイア学派しかり、アリストテレスのリュケイオン学派しかり。

吉川　ふむふむ。ということは、ストア派の人びとは彩色柱廊で活動したと？

山本　そう。創始者のゼノンがそこで講義をしたから、ゼノンの徒が「ストア派」と呼ばれるようになった。

**吉川** それにしても、なぜに廊下……。

**山本** 古代の哲学者たちについての愉快な伝記を残した紀元三世紀の哲学史家ディオゲネス・ラエルティオスの『ギリシア哲学者列伝』によれば、なによりも静かな場所で講義をしたかったから、ということらしい〔*2〕。

**吉川** ほう。

**山本** 柱廊は、ペロポネソス戦争敗北後の恐怖政治の時代に一五〇〇人もの市民が虐殺されたところで、実際、静かな場所だったとか。

**吉川** ひえええ。

**山本** もっとも、後の研究によれば、この柱廊で死刑の宣告がなされたという意味であって、そこで人が殺されたわけではないらしい。

**吉川** 安心していいんだかどうだかよく分からないけど。

**山本** それはそれとして、ポイントは、それがアテナイの中央にある公共の場所だったということだね。

*2 ディオゲネス・ラエルティオス『ギリシア哲学者列伝(中)』(加来彰俊訳、岩波文庫、一九八九)、二〇九ページ。

吉川　講義が万人に開かれていたということか。

山本　うん。それだけじゃなくて、そこに集う生徒たちからも授業料を受け取らなかったと言われているよ。

吉川　お金持ちの子弟からの授業料で生計を立てていたソフィストたちとは違うんだね。

山本　名士との交友を避けて、非常に質素な生活を送っていたらしい。

吉川　そういえばエピクテトス先生もそうだったようだね。

山本　うん。

吉川　ちなみに、このゼノンという人も相当の変わり者だったとか。

山本　そうそう。哲学者にはいつだって変わり者が多いけれど。

吉川　たしかに。

山本　なんでもゼノン先生、ある日、学園を出たところで転んで足指の骨を折ってしまったそうなんだよね。

吉川　あらら。大丈夫だったかな？

山本　そしたら、大地を拳で叩きながら、「いま行くところだ、どうしてそう、わたしを呼び立てるのか」と劇の台詞を口にして、そのまま自分で息を止めて死んでしまったとのこと。

吉川　ぜんぜん大丈夫じゃなかった……。

山本　このゼノンの最期にもストア派的なところがある。

吉川　このいかれたエピソードのどこがストア派的なんだろう？

山本　じゃあ、そのあたりから考えていこうか。

## ゼノンの最期

吉川　ゼノンの最期がストア派的な生き方（／死に方）を象徴するエピソードとして語られることもあるんだったね。

山本　うん。先ほど触れたディオゲネス・ラエルティオスが書き残したエピソードなんだけど、ひょっとすると、ストア派のストア派たるゆえんを表すために創作されたものかもしれない。

吉川　そもそも誰がゼノンの最期の言葉を聞き届けて伝えたかという疑問もあるしね。

山本　そうそう。ディオゲネス・ラエルティオスの列伝は、そういう見てきたように書かれたエピソードが満載でいささか面白すぎるんだよね。

吉川　いったいどこまで真に受けていいものか困るね。

山本　ゼノンの死の場面もね。

吉川　どちらにしても、これがストア派的だというのは、どういうことだろう。

山本　哲学の教科書や解説書などをひもとくと、ストア哲学の解説として「自然と一致して生きる」というモットーが紹介されているじゃない？

吉川　うん。どの本にも書いてあるね。

山本　おそらくゼノンは、というか少なくともこのエピソードのなかでのゼノンは、転んで足の指を折ったとき、それを自然からのなんらかの合図と受け取ったんじゃないかな。

吉川　どんな合図だろう。「お前はそろそろこの世から退場してもいいんじゃないか？」的な？

山本　そうそう。

吉川　それで、自分は天寿をまっとうするだけ生きたと確信したと。

山本　うん。だからこそ、「いま行くところだ、どうしてそう、わたしを呼び立てるのか」と語ったわけだ。

吉川　なるほどね。

山本　実話か創作かはともかくとして、このエピソードは「自然と一致して生きる」というストア派のスローガンをシンプルに表現する役目を担ってきたんだろうね。

## 「自然と一致して生きる」とは？

**吉川** それはそうとしてさ、「自然と一致して生きる」というスローガンなんだけど。

**山本** うん。どうした？

**吉川** このフレーズを聞いたとき、われわれの多くがまっさきに思い浮かべるのは、おそらくゼノンの最期のような場面じゃないよね。

**山本** たしかに。

**吉川** 現代日本の言語感覚では、「自然と一致して生きる」というスローガンは、なんというか、大自然のなかで生きていこう、みたいに受け止められそうな気がする。

**山本** 自給自足とかエコな暮らしとか、古くはヒッピー的な暮らしとか。

**吉川** そうそう。もちろん一概にそういう暮らしがいけないとは思わないんだけど、ストア哲学における「自然と一致して生きる」とはちょっと違う気がする。

**山本** そうだね。それで言えば、「自然な欲求に従って生きよう」みたいなイメージを抱く人もいるかもしれない。

**吉川** 自分らしく、好きなように生きよう、みたいな。

**山本** うん。これも一概にいけないとは思わないんだけど、ストア哲学における「自然と一致して生きる」とは違う。

**吉川**　ゼノンの最期とは似ても似つかないね。

**山本**　二〇〇〇年以上前に活動したストア派の人びとのスローガンを、現代日本の言語感覚だけで類推しようとすると、そういう誤解が生じてしまうかもしれない。

**吉川**　断片的な言葉を受け取って、それを自分の感覚にフィットさせて理解するのも悪くないけれど、その文言を発した人の意図に沿って理解しようという場合には、それでは足りないよね。

**山本**　Twitter なんかを眺めていても思うけど、自分を含めて人は結構、断片的な言葉を目にして「やっぱり！」とか「けしからん！」とか「よかった！」とか、言ってしまえば勝手に自分に引き寄せて捉えるよね。

**吉川**　言葉を目にしたり、ある状況に遭遇したときって、感覚的に言えば、自分で判断するより先に解釈が働いてたりすることがある。

**山本**　こう考えると、ある言葉を解釈することは、はたして権内だけの出来事なのか、よくわからなくなってくるね。

**吉川**　この点については、ストア哲学の検討のあとでまた考えてみようか。

**山本**　そうしよう。話を戻すと、古代哲学のスローガンを、現代の言語感覚だけで類推するには無理があるということだった。

**吉川**　うん。ストア哲学の「自然と一致して生きる」は、大自然のなかで生きることとも、自然の欲求に従って生きることとも、必ずしも一致しないかもしれない。とりあえずそこのところに気をつけておこう。

**山本**　そのうえで、じゃあ「自然と一致して生きる」って、実際のところどんな生き方なの？　ということになる。

**吉川**　うん。

**山本**　まず、「自然と一致して生きる」というのは、ストア派の創始者ゼノンが『人間の自然本性について』という著作で主張したことだそうだよ[＊3]。

**吉川**　例のディオゲネス・ラエルティオスの『ギリシア哲学者列伝』に出てくる話だね？

**山本**　うん。なんでも書いてある（笑）。というか、現在まで伝わるゼノンやストア派の哲学者たちについての伝聞は、ほとんどがこの『列伝』をソースにしている。

**吉川**　もとの著作は散逸してしまっているからね。それでゼノンはどんな説明をしているんだろう？

＊3　ディオゲネス・ラエルティオス『ギリシア哲学者列伝（中）』（加来彰俊訳、岩波文庫、一九八九）、二七四－二七五ページ。

山本　ゼノンは「自然と一致して生きる」ことは、「徳に従って生きる」ことにほかならないと言っている［＊4］。

吉川　なるほど。でも、徳に従って生きることが、どうして自然と一致して生きることになるんだろう？

山本　それは、自然はわれわれを導いて徳へと向かわせるからだ。そうゼノンは言うんだよね。

吉川　うーん。なんか狐につつまれたような気分になるね。狐につつまれるのは大歓迎だけど、つままれるのはちょっと。

山本　モフモフとつつまれたい（笑）。ここでも、やはり現代の言語感覚に引っ張られすぎないように気をつける必要があるかも。

吉川　そうだね。あくまで当時のストア派の哲学に内在して理解するよう努めた場合、どうなるだろう？

## 理性と徳

山本　ディオゲネス・ラエルティオスによれば、ゼノンやクリュシッポスは、次のように考えていた。

**吉川** 話の腰を折ってわるいけど、クリュシッポスというのは、創始者のゼノン、第二代学頭クレアンテスに続く三代目の学頭だね。ストア哲学を体系的に完成させた第二の創始者といわれる。

**山本** そうそう。彼らによれば、あらゆる生き物は自分の体質に適合したものを探し求める。自然は、生きとし生けるものをそのようにつくったというわけだ。

**吉川** そうでなければ生き延びられず、子孫も残せなかったわけだ。ダーウィン的にいっても。

**山本** 植物が花開き、動物がよろこびの声をあげるのも、そのようにしてだ。

**吉川** ふむふむ。

**山本** たとえば動物は、生まれ持った衝動（本能）に従って、獲物を追いかけたり交尾したりする。

**吉川** 植物の場合には、動物のように動きまわったりはしないけど、日光に向かって伸びたり、水分を求めて根を張ったりするだろうね。

**山本** うん。

＊4 「自然と一致して生きる」という表現のうち「一致する」と訳されているのは、古典ギリシア語で「ホモログーメノース（ὁμολογουμένως）」という言葉。これは「同じ一つの言語で話す（ホモ＋ロゲオー）」という動詞に由来する語で、ここから「一致する」「適合する」という意味になる。

**吉川**　では、人間はどうだろう？

**山本**　人間には、植物的なところや動物的なところもあるけれど、それに加えて理性（ロゴス）も授けられている。

**吉川**　理性！

**山本**　うん。また理性が出てくる。

**吉川**　そうすると、人間の場合、理性に従って生きることが、自然と一致して生きることになる。こういうことだね。

**山本**　そう。そして、衝動によってではなく理性によって判断し行動する人を、われわれは「徳のある人」と呼ぶ。

**吉川**　待っているだけの人や、衝動的に動くだけの人ではなく。

**山本**　そういうわけで、「自然と一致して生きる」というのは、ストア的な意味においては、理性によって判断し行動することであり、つまり徳のある生き方をすることだということになる。

**吉川**　なるほど。エピクテトス先生がわれわれの理性的能力を重視することの背景には、ストア哲学のこうした伝統があるわけだ。

**山本**　うん。でもまだスローガンを検討しただけ。これからストア哲学の体系に分け入っていこう。

**吉川**　よしきた。

## ストア入店⁉

**山本**　簡単に復習すると、人間には、植物や動物がもつ感覚や衝動に加えて、理性的能力が備わっている。

**吉川**　つまり、「理性によって判断し行動する」ところに、植物や動物とは違う、人間の人間らしさがあると。

**山本**　自然（神）が人間をそのようにつくったのだから、この理性的能力を行使することこそが、自然と一致して生きるということになるわけだね。

**吉川**　そういう筋道。

**山本**　スローガンの意味を確認したところで、いよいよストア哲学の内実を吟味していこう。

**吉川**　ストア入店！

**山本**　浩満、それ店舗やない。柱廊や。

**吉川**　失礼。ではさっそく、例のブツを。

山本　おなじみの『ギリシア哲学者列伝』だね。全一〇巻のうち、第七巻がストア派の哲学者たちの紹介にあてられている。学祖ゼノンから第二の学祖クリュシッポスまで、七人のストア哲学者たちが登場。

吉川　上中下の三分冊で刊行されている岩波文庫の日本語訳では、中巻の二〇五ページから三七八ページまで。けっこうたっぷりあるね［＊5］。

山本　本人たちの著作を直接参照できないのは残念だけれど。

吉川　うん。ゼノンにしろクリュシッポスにしろ、ストア派の創設者たちの著作はすべて失われてしまっているから。

山本　後代の人びとによる引用からしか、われわれはその実態を知ることができない。

吉川　そのなかでも最大の情報源が、この『列伝』というわけ。

山本　さらに万全を期したい向きには、この『列伝』も含めて初期ストア派にかんする資料のほぼすべてを集成した『初期ストア派断片集』というアンソロジーもある。邦訳では堂々の全五巻［＊6］。

吉川　京都大学学術出版会の西洋古典叢書シリーズだね。たいへんな仕事だ。

山本　初期のストア哲学については、おもに以上ふたつの資料と、同じく京都大学学術出版会から出ている名著『ヘレニズム哲学――ストア派、エピクロス派、懐疑派』［＊7］に拠《よ》りながら話をしていきます。

## ストア哲学の体系

**吉川**　ひとくちにストア哲学といっても、ゼノン以降たくさんの後継者によって構築・継承されてきたものなんだよね。

**山本**　『列伝』で紹介されているだけで七人もいるし、その主張も細かいところに違いがあったりする。

**吉川**　紀元三世紀にディオゲネス・ラエルティオスがストア派について文章を書いた時点で、発祥からすでに数百年が経過しているわけで。

**山本**　こういう場合、いきなり細かい話をしてもしょうがないので、まずは大きな輪郭から描いていこうか。

**吉川**　そうしよう。

＊5　ディオゲネス・ラエルティオス『ギリシア哲学者列伝（中）』（加来彰俊訳、岩波文庫、一九八九）。
＊6　『初期ストア派断片集（1－5）』（中川純男ほか訳、京都大学学術出版会、二〇〇〇－二〇〇六）。
＊7　A・A・ロング『ヘレニズム哲学――ストア派、エピクロス派、懐疑派』（金山弥平訳、京都大学学術出版会、二〇〇三）。

山本　そもそもストア派の創設者たち自身、ストア哲学の体系を説明する際に、わかりやすくはっきりと輪郭を示すようなたとえ話を多用している。

吉川　プレゼン上手だ。

山本　たとえば、こんな言い方がされているよ。いわく、ストア哲学は卵のようなものだ。

吉川　その心は？

山本　ストア哲学は三つの部分からなっている。殻は論理学、黄身は自然学、白身が倫理学にあたる。

吉川　おお、そういうの大好き。ほかには？

山本　ストア哲学は生き物と同じだ。骨と腱は論理学、肉は倫理学、魂が自然学である。

吉川　いいね。あとは？

山本　哲学は肥沃な畑だ。論理学は畑を囲う壁、倫理学は果実、自然学は土壌ないし果樹に相当する。

吉川　「自然と一致して生きる」がストア哲学のスローガンだとしたら、こちらはさしずめキャッチフレーズだ。

山本　卵、生き物、畑と、言い方は異なるけれど、内容は共通している。

吉川　そうだね。詳しくはこれから検討するとして、自然学がコアにある印象だね。

**山本** 自然学は、黄身であり、魂であり、土壌ないし果樹。たしかに。

**吉川** その自然学と接して、対といってもいいような要素として倫理学がある。

**山本** 黄身に対する白身、魂に対する肉、土壌ないし果樹に対する果実。自然学と倫理学の密接な関係を表しているかのようだね。

**吉川** で、論理学はそれらを覆っていたり、骨組みを与えたりするものという位置づけかな。

**山本** 卵の殻、動物の骨と腱、畑の壁。面白いね。殻と壁は外側を覆うものだし、骨と筋は全身を動かすための構造みたいなもの。

**吉川** いずれのたとえでも、全体としてストア哲学には三つの部分があり、それらが一体となっている様子が示されている。

**山本** そう、三つの部分——論理学、自然学、倫理学——が、それぞれ必要不可欠な要素として、哲学全体の体系に貢献している。

**吉川** 三つの部分からなる有機体というわけだ。

**山本** こうして改めて見てみると、とてもイメージ喚起的な表現だね。

**吉川** いまなら気の利いた学習参考書に載ってるチャートやイラストみたいなものを連想させる。

**山本** ほんとだね。概念や文字だけだと抽象的で記憶しづらいかもしれないところ、見知っているものになぞらえているわけだ。

**吉川** たとえ方自体が面白いし、いったん飲み込んでしまえば忘れにくいという効能もありそう。

**山本** 敏腕のコンセプトメーカーだね。

**吉川** と、まずは概要を確認したところで、このイメージを念頭に置きながら、さらに詳しく見ていこう。

**山本** そうしよう。ただし、「論理学」も「自然学」も「倫理学」も、現代でも普通に使う言葉だけど、それらが当時のストア哲学の文脈においてどんな意味内容をもっていたのかは、調べてみないとわからない。

**吉川** 早とちりしないよう注意しないとね。

## バンドやろうぜ!?

**山本** ここまで、ストア哲学の体系が、論理学、自然学、倫理学という三つの部分からなることを確認しました。

**吉川** 三つの部分が単に集まっているだけじゃなくて、それらが一体となってストア哲学を構成している。

**山本** うん。ストア哲学の創始者たちはその構成をうまいたとえで表現していたね。

**吉川** ストア哲学は卵であり（殻は論理学、黄身は自然学、白身は倫理学）、生き物であり（骨と腱は論理学、肉は倫理学、魂は自然学）、畑である（周囲の壁は論理学、果実は倫理学、果樹ないし土壌は自然学）、と。

**山本** どのパートが欠けてもストア哲学は成立しない。例のディオゲネス・ラエルティオスはこう書いているよ。

---

彼らストア派のなかのある人たちの主張によれば、それらのどの部門も他の部門から切り離されてはいないで、互いに混じり合っているのだとされている。そしてその人たちは、これらを混じり合ったものとして教えていたのである。［＊8］

**吉川** バンドみたいだね。スリーピースバンド。

**山本** それでいくと、さしずめドラムが論理学で、ベースとギターがそれぞれ自然学と倫理学になるかな。

＊8 ディオゲネス・ラエルティオス『ギリシア哲学者列伝（中）』（加来彰俊訳、岩波文庫、一九八九）、二三八ページ。

吉川　いいね。バンドやろうぜ！

山本　もう一人呼んでこなくちゃ（笑）。そういえば昔あったよね、宝島社の雑誌で。

吉川　懐かしい。

山本　いまはそういうスマホゲームもある。

吉川　世にバンドの種は尽きまじ。

山本　それはそれとして、大事なことは、論理学、自然学、倫理学の三つのパートが、それぞれ必要不可欠な要素として、ストア哲学全体の体系に貢献しているということ。

吉川　まさに生き物のように。

## 論理学＝理性×言葉

山本　まずは論理学から検討していこうか。

吉川　卵の殻であり、生き物の骨と腱であり、畑の周囲にめぐらせた壁であるところの。

山本　たとえ話にもあるように、論理学は、いわばストア哲学を支える骨組みとか構造のようなものだね。

吉川　ところで、ストア哲学における論理学って、いま哲学の授業で教わる論理学と同じなんだろうか。

**山本** まずはそこがポイントだね。

**吉川** うん。

**山本** ストア哲学で論理学と呼ばれるものと、いま学校で教えられたり研究されたりしている論理学とは、ちょっと、というか、かなり違う。

**吉川** まあ、二〇〇〇年以上も経っているんだから、当然だよね。

**山本** うん。でも、もちろん共通する部分も大きい。

**吉川** まずはそこのところをはっきりさせておこう。

**山本** ストア派の論理学は、現在われわれが知っている論理学よりずっと広い領域をカヴァーしている。

**吉川** ふつう論理学といえば、正しい判断を得るための思考の規則のようなものを研究する学問だよね。昔から哲学の一部門といわれている。

**山本** うん。でもストア派の論理学は、認識論、意味論、文法、文体論といった要素も含んでいる。

**吉川** へえ。なんだか哲学、言語学、文学の領域にまではみ出しているように見えるな。

**山本** そうそう、この点は「論理学」という馴染みのある日本語だけで考えると見えづらいところかも。

**吉川** いまの教育では論理学といえば、数学の範疇だったりもするしね。

**山本** そこで原語を確認してみると、これはロギコン（λογικόν）あるいはロギコス（λογικός）がもとの言葉。この名称が示すとおり、ロゴスにかかわる学問ということだ。

**吉川** うーん。もう一声！

**山本** ロゴスという言葉は、いろんな使われ方をしたようで、辞書でもたくさんの用例が出ている語のひとつ。ここでの議論にかかわる範囲でまとめて言ってしまえば、二つくらいに要約できる。いまの日本語でいう「理性」という意味と「言葉」という意味だね。

**吉川** その二つの意味が同じ語に含まれているのは面白いね。

**山本** 「理性」のほうは、なにかの「理《ことわり》」くらいに捉えてもよいかも。

**吉川** ああ、そうか。

**山本** どうした？

**吉川** ほら、心理学とか生物学という訳語も、サイコロジー（psychology）とかバイオロジー（biology）が原語で、このlogyは、なにかを「言葉（ロゴス）」で記述するということであると同時に「理（ロゴス）」でもあるわけだと思ってさ。

**山本** そう考えてもうまい訳語だよね。それとも似て、ストア派におけるロギコン（論理学）は、ロゴスにかかわる学問。つまり、現代の論理学が扱う思考の進め方のパターンのような「理性」にかかわる問題だけでなく、それを表現する「言葉」の問題をも含んでいるわけだ。

**吉川** なるほど。現在では言葉の問題はもっぱら言語学や文学に属するものとされているけれど、ストア哲学は原義のロゴスに忠実に、理性のはたらきと言葉のはたらきを切り離すことなく研究したんだね。

**山本** ストア派の論理学が現在の論理学よりずっと広いというのはそういう意味。

**吉川** 理性×言葉というロゴスの原義に立ち返ればそれがわかるという寸法だね。

**山本** そう。それだけに「論理学」という便利な訳語は、ストア派について考える際にはちょっと紛らわしい面もある。

**吉川** どうしても馴染みのある意味や理解に引きずられるからね。

**山本** とはいえ、翻って考えれば、現在の論理学にしても、本来は思考の理《ことわり》の話であるとともに言語の話でもあるはずだよね。

**吉川** うん。そこが、さっきの話にもあったように、現在では論理学は数学や理系の方面に、言語は言語学や文学といった文系の方面に分けられているから、わかりづらいかもしれない。

山本　目下、私たちがなじんでいる学問分類にとらわれすぎないよう、注意しながらストア派についても考えていかないとね。

吉川　この点は何度気をつけてもいいいね。不用意な時代錯誤に気をつけること。

## 自然と一致する論理学

山本　哲学史家のA・A・ロングは、ストア哲学の論理学を「理性的な言論の学」と表現しているよ［*9］。

吉川　わかりやすいね。ここからストア哲学における論理学の位置も見えてくる。

山本　うん。どんな思想も理性と言葉によって表現されるわけだから、論理学は、いわば哲学全体の屋台骨のような役割を果たしているといえる。

吉川　ストア哲学の創設者たちが、論理学を卵の殻であり、生き物の骨や腱であり、畑にめぐらす壁だと述べたことには、そういう意味があったわけだ。

山本　では、その論理学の内実はどのようなものだったかを見てみよう。

吉川　とはいえ、歴史的資料が少ないうえに、後代の研究にはさまざまな議論があって、これが「ストアの論理学だ！」と確定的に述べるのはなかなかむずかしいよね。

山本　そうそう。これはストアの論理学にかぎらないことだけど、とりあえず大事なポイントを中心に話そうか。

吉川　そうしよう。

山本　まず、ストア哲学のスローガンを思い出そう。

吉川　「自然と一致して生きる」だね。

山本　うん。このスローガンは、ストア哲学の屋台骨たる論理学にも生きている。

吉川　どういうことだろう？

山本　古典的論理学のデファクトスタンダードだったアリストテレスの論理学と対比させるとわかりやすいかもしれない［*10］。

吉川　アリストテレスの論理学といえば、有名な三段論法があるよね。

山本　「あらゆる人間は死ぬ」「ソクラテスは人間である」「ゆえにソクラテスは死ぬ」。

吉川　それそれ。

山本　この推論にもアリストテレスの世界観が表れている。

*9　A・A・ロング『ヘレニズム哲学――ストア派、エピクロス派、懐疑派』（金山弥平訳、京都大学学術出版会、二〇〇三）、一八六ページ。

*10　ジャン・ブラン『ストア哲学』（有田潤訳、白水社文庫クセジュ、一九五九）、三三－三六ページ。

吉川　そこんとこ、もうちょっと詳しく。

山本　アリストテレスの世界は、言ってみれば階層的で無時間的な世界。あらゆる事物が、「こう」と決まった包含関係のうちにあると見立てられている。たとえば「死すべきもの」のうちに「人間」が存在し、「人間」のうちに「ソクラテス」が存在するといったように。ここから、さっきのような推論が可能になるわけだ。

吉川　少し見方を変えて言い直せば、「ソクラテス」という個人が、「人間」とか、さらに人間以外も含むような「死すべきもの」という広いなにかに分類されている状態だ。

山本　さっき「階層的」と言ったのはそういうことだね。そして、そういう包含関係は、どちらかといえば静的で固定されたものとして捉えられている。「無時間的」と言ったのはそういう意味。

吉川　ここはちょっと分かりづらいかもしれないね。ストアの論理学と比べてみるとどうなるだろう。

山本　ストアの世界は、アリストテレスとの対比で言えば、個別的で時間的な世界。アリストテレスの三段論法にある「人間」のような抽象的なものは存在しない。

吉川　ということは、具体的なものは存在する？

山本　そう。あくまでも具体的な個物が、時間的な経過をとおして生まれたり消えたり変化したりする。

**吉川** へえ。そうすると、先の推論は、ストア的にはどうなるだろう?

**山本** これがおもしろくてね。たとえば、「この女が乳をもっているならば、それは彼女が子を産んだからである」となる。

**吉川** へえ。たしかに「人間」という抽象的な存在ではなく、「この女」という具体的な存在が問題になっている。

**山本** しかも、この推論には時間的な関係が入っているね。「乳が出る」のは「子を産んだ」からだ、と。

**吉川** おお。

**山本** 世界で実際に起きているのは、そうした具体的な個物たちの時間的なふるまいにほかならないと見立てる。

**吉川** こうした個物たちの時間的諸関係を認識し表現するのがロゴスの役割というわけだ。

**山本** そしてそのときロゴスは自然と一致する。

**吉川** なるほど。「自然と一致して生きる」のスローガンが、そんなふうに生きているんだね。

**山本** うん。

**吉川** ところで、ストア派の哲学者は、「人間」のような抽象的なものは存在しないと考えていたんだろうか。

山本　どうもそのようだね。後代の研究でも、ストア哲学は唯名論的だと形容されることが多い。

吉川　唯名論というのは、本当に存在するのは個々のもの、たとえば「この女」や「ポチ」だけであって、「人間」とか「犬」のようなものは便宜上の名前や記号にすぎないと考える立場だね。

山本　うん。それに対して、「人間」「犬」のような普遍概念（類概念）も実在すると考える立場が実在論。

吉川　この「普遍は存在するか」という問いをめぐって、中世のスコラ哲学では大論争が繰り広げられた。

山本　いわゆる「普遍論争」だね。実在論と唯名論の戦い。

吉川　かたちを変えて近現代にまでつづく議論だ。そろそろ自然学の検討に入ろうか。

山本　ストアの論理学には、もちろんほかにもいろいろと注目すべき特徴があるんだけど……。

吉川　もっと知りたい人は、註で挙げた参考文献にあたってもらおう。

山本　というわけで、次は自然学にいってみよう。

吉川　おう。

## 自然学＝神学

山本　ストアの論理学が、「ロゴスにかかわる学問」ということで、いまの日本語でいう「理性」と「言葉」の両方を対象にしていたということは覚えている？

吉川　うん。ストアの「ロゴス」という概念は、思考の規則のような「理性」だけでなく、文法や文体のような「言葉」も含んでいた、というものだね。

山本　その伝でいうと、ストアの自然学は、「ピュシスにかかわる学問」ということになる。

吉川　「ピュシス」というのは、自然学の「自然」にあたる語だね。

山本　そう。ピュシス（φύσις）は古典ギリシア語で、起源や誕生、人や事物の本性や力、自然とその秩序や法則といった意味をもつ言葉。ピュオー（φύω）といって、なにかが生まれたり、成長するとか為《な》るという意味の動詞と根を同じにする語だね。

吉川　ストアの「ピュシス」の概念をいまの日本語であらわすとどうなるだろう？

山本　そうだね。ひとことでいえば、「自然」と「神」ということになるかな。

吉川　神！

山本　うん。ストア派において、自然の概念と神の概念は決して切り離すことができないから。

吉川　うーん。もう一声。

山本　整理しようか。まず、ピュシスには「宇宙のすべての事物を生みだす力」という意味がある。

吉川　こちらは普通の意味での「自然」に近いね。

山本　ここでこう考えてみよう。そもそも、すべての事物を生みだすのは誰か？

吉川　神……。

山本　そう、神は万物の創造主という前提がある。ただ、ストア派の神は、キリスト教の神のような人格神ではなくて、自然そのものという意味。

吉川　スピノザの「神すなわち自然」みたいだ。

山本　そうそう。だからストア派の宗教的立場も汎神論と言われる。

吉川　神と自然を同一のものとみなすわけだ。

山本　うん。神と言われると、ついギリシア神話とか『古事記』、あるいはキリスト教の神みたいに擬人化されたものを思い浮かべちゃうんだけど。

吉川　逆に擬人化せずに神を考えるのが難しいくらいだね。

山本　そこでもう少し考えてみよう。

吉川　のぞむところだ。

山本　神はどんな存在だろう？
吉川　全知全能、という言葉が浮かぶね。
山本　そう。最高に知的な存在、つまりロゴスをそなえた存在である。
吉川　つまりストア派の見立てでは、ピュシスはロゴスとつながっているわけだ。
山本　だから自然学と論理学もつながっていることになる。
吉川　ああ、それでピュシスを理解することがロゴスを理解することになるんだね。
山本　前に、ストア哲学は三つの学――論理学、自然学、倫理学――が一体になった体系だという話が出てきたよね。
吉川　うん。
山本　倫理学の話は後でするとして、論理学と自然学はこんなふうに緊密な関係にある。
吉川　なるほど。

## 自然の原理

山本　だからストア派においては、自然、神、理性はほとんど同義語のように使われている。
吉川　スピノザと同じ、というかスピノザよりずっと早い段階で「神すなわち自然」だと考えてた。

**山本** そうそう、ストア派は紀元前三世紀から紀元後二世紀くらいで、スピノザは一七世紀の人だものね。というわけで、これからその自然学の内実に迫ろうと思います。

**吉川** とはいえ、自然学の全体をくまなく検討するのはいくらなんでも無理だよね。

**山本** うん。ここでは、ストア派の自然学における自然（ピュシス）と理性（ロゴス）の関係に論点をしぼろうか。

**吉川** そうしよう。

**山本** そもそも自然が理性をそなえているとは、どういう意味だろうか？

**吉川** うーん。うっかり自然＝神を擬人化して考えてしまいそうだけど、先ほど確認したのは、ストア派の神はキリスト教のような人格神ではないということだよね。

**山本** うん。

**吉川** なにかこう、原理のようなものだろうか。

**山本** そう。ストア派は、自然はふたつの原理によって成り立っていると考えた。

**吉川** ふむ。

**山本** つまり、受動的原理と能動的原理。

**吉川** 具体的にはどういうことだろう？

山本　受動的原理は、世界のさまざまなものの素材となる物質に体現されている。
吉川　アリストテレスの「質料」みたいなものだね。
山本　そう、ストア派も、アリストテレスから質料の概念を借りてきていると言われているよ。
吉川　では、能動的原理は？
山本　それを体現するものこそ、神。
吉川　なるほど。
山本　理性にしたがって質料にかたちを与えるのが、能動的原理である神の役割というわけだ。
吉川　へえ。でも、神によってモノはかたちを与えられているということが、どうしてわかるんだろう？
山本　ストア派の自然学では、世界の能動的原理である神は、プネウマというかたちであらわれると考えている。
吉川　プネウマ？
山本　「息」とか「気息」と訳されるギリシア語だよ。
吉川　へえ。
山本　初期ストア派の哲学者たちは、この概念を当時の生理学から借りてきたようだね。
吉川　生理学かあ。生き物や人間が生命を維持するメカニズムからヒントを得たと。

**山本** うん。だからプネウマは、モノをかたちづくる生気とか精気、あるいは生命力のようなものと考えられている。

**吉川** モノがそれぞれのかたちを保っているのは、そこにプネウマがあるからであり、そのプネウマが神の原理でありロゴスの運び手であるというわけだね。

## 神は万物に宿る

**山本** ところで、質料は、そのままではなにものでもない無規定な物質と想定されているんだけど、そんなもの見たことある?

**吉川** なんだかスティーヴン・キングとか諸星大二郎の作品に出てきそうだけど、実際にはそんなもの見たことないかもしれないなあ。

**山本** だよね。

**吉川** いま、われわれの目の前にあるのも、ペンであったりモレスキンノートであったりMacBookであったりと、なんらかのかたちを与えられた物体ばかりだね。

**山本** 実際には無規定な物質は存在しない。逆にいえば、すべてのモノは神によってなんらかのかたちを与えられている。

吉川　すると、自然を構成するすべてのモノは、受動的原理たる質料と能動的原理たる神／理性の混合物ということだろうか。

山本　そう、すべてのモノに大なり小なり神／理性が混ざっている、という見立て。

吉川　まさに汎神論だ。万物に神が宿るとはこのことだね。神様こんにちは（MacBook に向かって）。

山本　こんにちは神様（モレスキンのノートに向かって）。って、ストア派の神は人格神じゃないんだってばよ。

吉川　失敬失敬。

山本　さて、自然というものに、そんなふうに神／理性が宿っているとすると、自然学は論理学や神学とも切り離せないということになるね。

吉川　そうだね。しかも、ストア哲学のキャッチフレーズが「自然と一致して生きる」だったことを考えれば、倫理学とも切り離せない。

山本　そう。ストア哲学において、論理学と自然学は、倫理学のための基礎を準備するものだと考えられていた。

吉川　以前でてきた畑の比喩でいえば、論理学が畑を囲う壁、自然学が土壌ないし果樹ということだったね。

山本　そう、そこでいよいよ倫理学に進むときがきた。

吉川　よしきた。

## 倫理学＝果実

山本　倫理学は、いわばストア哲学の本丸だ。

吉川　あるいは果実か。

山本　前に出てきた畑の比喩でいえば、論理学が壁、自然学が土壌、倫理学が果実ということだったからね。

吉川　倫理学には格別の地位が与えられている。

山本　そもそも人間は果実を得るためにこそ、わざわざ壁をめぐらせたり土を耕したりするよね。

吉川　ストアの哲学者たちも、倫理学という果実を得るためにこそ、壁をもうけて土を耕した。

山本　哲学そのものが、よく生きるための技術を学ぶことでもある。

吉川　ストア哲学を学ぶわれわれとしては、彼らがしつらえた壁を乗り越えて畑に入り、土壌や果樹を検分してきたんだね。

山本　そしていま、ようやく果実を味わえるというわけだ。
吉川　いったいどんな味がするんだろうね。

## 衝動から出発する

山本　さて、ストア派倫理学の出発点はなんだと思う？
吉川　やっぱり理性的能力なのかな。
山本　それがね、面白いことに動物的な「衝動」なんだ。
吉川　へえ。理性とは対極にあるような性質だね。
山本　うん。人間にも自己保存の欲求として衝動的な要素がある。
吉川　動物と同じように。
山本　そう。人間がときに激情にかられ、無分別なもの、不合理な存在でもあることを認めたうえで、そこから知恵を求めようとするのがストア派倫理学の基本姿勢。
吉川　じゃあ、人間の理性はどこへいったんだろう？
山本　もちろん人間のなかにある。人間において理性は、自らの衝動をコントロールする役割を担っている。そして、それが人間における自然のあり方なんだ。

**吉川**　なるほど。以前にも確認したように、植物的な性質と動物的な性質のうえに、理性的な能力が付与されているというわけだ。

**山本**　そうそう。さっき、衝動が理性と対極にあるように見えるという話が出たけれど、じつは、衝動と理性をともにそなえているという点そのものが人間における自然なあり方ということだ。

**吉川**　それがヒューマン・ネイチャー（人間の本性）だと。

**山本**　念のためディオゲネス・ラエルティオス先生の証言を引いておこうか。

彼らの主張によれば、生きものは、自己自身を保存することへと向かう根源的な衝動（ホルメー）をもっている。というのは、クリュシッポスが『目的について』第一巻のなかで述べているように、自然はそもそもの初めから、生きものが自分自身と親近なものとなるようにしているからである。（中略）しかし、さらにより一層完全な（自然の）導きによって、理性的な存在者（人間たち）に理性（ロゴス）が付与される段階に至ると、それらの者にとっては、「理性に従って正しく生きること」が「自然に従う」ということになるのである。というのは、この理性は、衝動を取り扱うことを心得ている技術者（テクニテース）として、あとから付け加わって生じるものだからである。［＊11］

吉川　おお、まるで現代の行動経済学や認知心理学の話を聞いているようだね。

山本　まさに。ノーベル経済学賞を受賞したダニエル・カーネマンが提唱した「ファスト&スロー」ともおおいに重なる。

吉川　ファストは衝動と直感による速い思考、スローは計算と熟慮による遅い思考。

山本　どちらか片方というわけではなくて、どちらもあるのがヒューマン・ネイチャー。

吉川　そうすると、いかにして衝動とうまく付き合っていくかが課題になる。

山本　以前、エピクテトス先生による「哲学の訓練」のところで、欲望や衝動を禁ずるのではなくコントロールせよ、という話をしたよね。

吉川　うん。禁欲主義ならぬ「操欲主義」と。

山本　先生の考え方は、ストア派倫理学を正当に受け継いだものなんだ。

吉川　ほんとそうだね。

山本　これは単なる感想だけど、こうしてみるとストア派の人たちは、人間をよく観察していたんだなという気がしてくるね。

*11　ディオゲネス・ラエルティオス『ギリシア哲学者列伝（中）』（加来彰俊訳、岩波文庫、一九八九）、二七三－二七四ページ。

吉川　人間かくあるべしというより、人間とはこういうものだという見方。

山本　その上でどうしたらよいかを考えるというスタンスだ。

## 徳は学べる！

吉川　頭ごなしに「人間かくあるべし」と言うんじゃなくて、人間をじっくりと観察したうえで、どうしたらよいかを考えようとしている。

山本　そうだね。「かくあるべし」と言われて、人が「ハイ、ソーデスカ」となればいいけど、たいていは、そんなふうにできたら苦労しないという話だよね。

吉川　「かくあるべし」という物言いに対して、むしろ反感さえ覚えることもありうる。

山本　そこへ持ってくるとストアの倫理学は、自分が衝動に左右されやすいことを認めたうえで、それをいかにコントロールするかが大事だというわけだ。

吉川　その観察眼はほとんど科学的といってもいいくらいだね。

山本　うん。さっきも言ったけど、行動経済学なんかをほうふつとさせる。

吉川　いやあ。大昔の人たちだし、もっと頑迷なのかと思ってた。

山本　あはは。

吉川　偏見だったね。すんません。

山本　今か昔か、時代は関係ないね。

吉川　昔といえば、「徳は教えられるのか？」というのは、ソクラテスの時代からの倫理学の大問題だよね。

山本　プラトンの対話篇『メノン』にも激論の模様が記されている［＊12］。

吉川　けっきょく結論は出たんだっけ？

山本　出なかった（笑）。

吉川　他方でストア派は、この問いに「教えられる」と明快に答えるんだよね。そこが興味深い。

山本　言い換えれば、徳は学べる、学べば身につけられるということ。

吉川　裏返していえば、学ばなければ有徳な人にはなれないということでもあるけれど。

山本　ストア派の学頭たちもこう言っている。

――また、それが――というのは、徳のことであるが――教えられうるものだということに

＊12　プラトン『メノン』（藤沢令夫訳、岩波文庫、一九九四）。

ついては、クリュシッポスも『（究極）目的について』第一巻のなかで述べているし、またクレアンテスも、そしてポセイドニオスは『哲学のすすめ』のなかで、さらにはヘカトンも述べていることである。そして徳が教えられうるものだということは、劣悪な人たちが善い人間になっているという事実から明らかである。[*13]

吉川　もし、徳のありなしが生まれつき決まっていたとしたら、モチヴェーションもダダ下がりだよね。

山本　学ぼうが学ぶまいが関係ないわけだから。

吉川　徳というのは、神に選ばれし者だけのものではないと。

山本　誰にでもチャンスはあるというわけだ。

吉川　「劣悪な人たちが善い人間になっているという事実」。

山本　うん。

吉川　俄然《がぜん》、やる気が出てきた。

山本　カワイイは作れるし、徳は学べるというわけ。

## ストア哲学のアップデート？

吉川　とはいうものの……

山本　うん？

吉川　そもそもこの本の目的はなんだったっけ？

山本　どうしたの急に。エピクテトス先生（ストア哲学）の教えをわれわれの生活に活かすことかな？

吉川　そう。それでね。

山本　続けなさい。

吉川　ストア派の教えに従って、論理学と自然学を学ぶ必要があるとはいっても、二〇〇〇年前の論理学・自然学と現代のそれらとは、かなり違うよね。

山本　うん。学問の中身もそうだし、政治制度や社会の仕組みなんかも、ずいぶん異なるだろうね。

吉川　だよね。

山本　ゼノンがストア派を創始したのは、戦争にあけくれる都市国家の時代、エピクテトスが学びはじめたのはローマ帝国の暗帝ネロの時代。

＊13　ディオゲネス・ラエルティオス『ギリシア哲学者列伝（中）』（加来彰俊訳、岩波文庫、一九八九）、二七七ページ。

吉川　われわれの知っている社会とはだいぶ違う。

山本　そりゃそうだ。それだけに、そのまま受け取るというよりは、ストア派のスピリットを活かしながら、ストア哲学を現代的にアップデートする必要があるだろうね。

吉川　そのとおり！

山本　大声だすからびっくりした。

吉川　失礼。ここのところ、ストア哲学の体系を学んできて、それはそれでたいへん興味深いものだったわけだけど……

山本　ストア哲学をわれわれ自身のために活かすには、それが現代の政治・経済・文化・社会の文脈にマッチするよう、われわれ自身が工夫しないといけない、ということだ。

吉川　うん。

山本　たしかにそうだね。

吉川　そこが気がかりだったんだ。

山本　じゃあ、ちょうど論理学・自然学・倫理学のあらましに触れたところで、歴史上のストア哲学についてのお勉強はここらで終わりにして……。

吉川　そろそろ現代に舞い戻ろう。

# 第 8 章

# エピクテトス
# 先生を
# アップデートする

## これまでのおさらい

山本　前章では、エピクテトス哲学のバックボーンであるストア派の哲学――論理学、自然学、倫理学――を学びました。

吉川　いやあ、たいへんだった。ギリシア語も出てくるし。

山本　それで、いよいよというか、エピクテトス先生の哲学を現代的にアップデートしてみようという話になったんだったね。

吉川　うん。古代の話だけに、そのまま、われわれの時代に役立つのかという疑問はあるからね。

山本　まずはあらためてエピクテトス先生の哲学について、簡単におさらいしておこうか。

吉川　そうだね。ストア派の解説が長かったから、正直ちょっと先生のことを忘れてしまったかも。

山本　じゃあ、エピクテトス先生の教えで、いちばん大事なポイントはなんだろう？

吉川　それはズバリ、われわれの「権内にあるもの」と「権外にあるもの」を区別することだね。

山本　お、覚えているね。

吉川　インパクトあるからね。

山本　ここで権内にあるものとは、自分でコントロールできるもの。権外にあるものとは、自分ではコントロールできないもの。

吉川　自分の力でどうにかできることと、どうにもできないことを区別しようということだ。

山本　そして、自分ではコントロールできないこと、つまりどうにもならないことを気に病むのはやめて、どうにかできることに注力しようと。

吉川　この世の悩みの多くは、権内にあるものと権外にあるものの区別の混乱にある、そう先生は言っている。

山本　どうにもならないことをどうにかしようとして四苦八苦したり、どうにもならないことをいつまでも悔やんでしまったりするんだよね。

吉川　元プロ野球選手の松井秀喜が言ったように、打てないボールは打たなくていい。無理してバットを振り回しても不幸になるだけだと。

山本　まったく耳が痛い指摘だね。打てないボールにもつい手を出しちゃう。

吉川　では、われわれの権内にあるものとは、いったいなんだろう？

山本　それこそ、われわれが生まれながらにして持っている、理性的能力。

吉川　それがわれわれの権内にある唯一の能力だと、エピクテトス先生は言っている。

山本　心像を正しく使用する能力だね。

吉川　うん。ただ先生は、心像の適切な使用には訓練が必要とも言っていたね。

山本　そういえば、ストア派の哲学者たちも、論理的に思考し（論理学）、正しく自然を認識したうえで（自然学）、よく生きる（倫理学）ことが大事だと言っていた。

吉川　それこそストア哲学の核心だよね。

山本　自然（神）が人間に与えた理性によって、論理的に思考と言葉を用い、自然を正しく認識し、そのうえで自分にできる役割をはたしていく、というわけだ。

吉川　エピクテトス先生の講義は倫理的な問題にかんする話題が多いけれど、その基礎にはストア派の論理学と自然学があったと。

山本　うん。エピクテトス先生が教える権内／権外の区別も、ストア的な論理学と自然学があってこそのもの。そしてそれが「自然と一致して生きる」ということになる。

## 古代ローマから現代日本へ

吉川　とはいえ、エピクテトス先生の時代とわれわれの時代とでは、変わらないこともあるけれど、変わったこともずいぶんあるよね。

山本　うん。権内にあるものと権外にあるものを区別すべし、という格率は変わらないとしても、人間を取り囲む環境はずいぶん違う。

吉川　なにしろ、エピクテトス先生が生きたのはローマ帝国の暗帝ネロの時代だもんね。

山本　学問の内容もずいぶん違うよね。その後、幾度かの科学革命を経て、サイエンスやテクノロジーはエピクテトス先生の時代から考えるとまるで別物になっている。

吉川　これまで治せなかった病気が治せるようになったり、行けなかった場所に行けるようになったり、出会うことができなかった人とも出会えるようになっている。

山本　そもそも権内にあるものと権外にあるものの間の境界線が、エピクテトス先生の時代とはかなり違うようだ。

吉川　にもかかわらず、人間関係についての悩みのように、変わらなそうなものもあるし。

山本　是々非々で見ていく必要があるだろうね。

吉川　うん、たいへんそうだけど、ここは踏ん張らねば。

山本　がんばろう。

## アップデートの要点

**吉川** さて、どのあたりが要アップデートだろうか。

**山本** その前に、アップデートの必要のないところ、というか、むしろアップデートできないところを確認しようか。

**吉川** おお、そのほうが効率的だ。

**山本** エピクテトス哲学の核心、そこをいじってしまってはもはやエピクテトス先生の哲学ではなくなってしまうようなポイントはなにか。

**吉川** ここまで読んでくれた人には明らかかもしれない。

**山本** うん。まずは、われわれの権内にあるものと権外にあるものの区別。

**吉川** そして、われわれの権内にある唯一の能力としての、理性の使用。

**山本** その心は、論理的に思考し（論理学）、正しく自然を認識したうえで（自然学）、よく生きる（倫理学）こと。

**吉川** なんと、三行でまとめられるね。今北産業な人でも大丈夫。

**山本** 今北産業というのは「今来たばかりの私にこれまでの流れを三行で説明してくれ」の略です。念のため。

吉川　このシンプルさがエピクテトス哲学の魅力だよね。
山本　うん。まずはそこを、アップデート無用の不変の原理としよう。
吉川　そうしよう。じゃあ、アップデートが必要なことはなんだろう?
山本　まず、エピクテトス哲学の原理は不変としても、さっきから言っているように、古代のギリシア・ローマと現代日本とでは、さすがに社会のあり方がまったく違っている。
吉川　そうだね。
山本　社会の仕組みが変われば、権内と権外の境界線も動くかもしれない。
吉川　うん。あと、学問の中身もずいぶん変わった。
山本　とくにストア哲学でいう自然学にかんする部分が大幅に発展したよね。
吉川　物理学、生物学、化学といった自然科学、法学や経済学、社会学などの社会科学、それに医学やバイオテクノロジーの進展も大きい。
山本　学問(科学)と技術の発展もまた、権内と権外の境界線に影響を与えそう。
吉川　そういうわけで、社会の変化と学問の進展に合わせてアップデートを試みよう。
山本　まずは社会の変化について検討して、それから学問の進展について検討しようか。
吉川　そうしよう。それと、以前とりあげた相談に、アップデートしたエピクテトス哲学の観点から答えてみてもいいかもね。

山本　お、いいね。

## 帝政ローマと現代日本

吉川　エピクテトス先生の時代と現代とでは社会的にはなにが違うだろう。

山本　まずは政治体制が一見して異なるよね。

吉川　そりゃそうだ。帝政ローマの時代だもんね。

山本　ローマ市民は自立心にあふれていたという話もあるけれど、カリグラやネロといった皇帝の暴政もあった。

吉川　「先生、どうして私が首を切られなければならないのですか？」という生徒からの質問を思い出すね。

山本　先生は、「じゃあ、みんなが首を切られたらいいと思うのか？」と答えたんだった。

吉川　これは帝政ローマの身分制度を前提にした話だよね。

山本　皇帝の命令に逆らうなど、どう逆立ちしたって一市民の権内にあることではない。

吉川　現代日本に目を転じてみると、国家の主権は国民にあるといちおう定められている。

山本　主権在民、国民主権だね。

吉川　われわれの市民権がおよぶ領域は、帝政ローマの時代と比べるとかなり広い。

山本　集会・結社の自由や表現の自由がある。

吉川　デモもできる。

山本　すると、市民権の拡大に応じて、少なくとも政治や法律の観点からは、権内にあることの領域も拡大しているはずだよね。

吉川　うん。

山本　そこをきちんと踏まえておかないと、われわれが手にしている力、権内にあるものを見誤ることになってしまう。

吉川　まったくだ。政治的な権利や法律についての知識が必要。

山本　本来は義務教育でそのあたりについても学ぶことになっているんだけど……。

吉川　誰もあんまり覚えていないと思う。

山本　大人になってから勉強しなおさないといけないね。

吉川　これをきっかけに勉強しなおそう。ところで、経済的にはどうだろうか？

山本　経済においても、われわれの自由は拡大しているよね。

吉川　目下の資本主義経済における労働者は、少なくとも名目上は、自由な契約にもとづいた労働者だ。

山本　かつてカール・マルクスが言ったように、実質的にはアンフェアな契約であるにしてもね。

吉川　「賃金奴隷」とか「社畜」とかいう言い方がされることもある。

山本　なかなかしんどいよね。

吉川　うん。現代の労働者もたいへんだけど、エピクテトス先生ときたら……

山本　先生は本物の奴隷だった。本物の奴隷というのも変な言い方だけど。

吉川　奴隷というのは、奴隷その人がまるまる主人の財産だから、自由な契約ではまったくない。

山本　労働者の場合には、いちおう本人が希望すれば会社を辞めることもできる。

吉川　もし現代のわれわれが、エピクテトス先生の時代の奴隷の気分で権内と権外を区別していたら、ほとんどの事柄が自分の権外（＝主人の権内）にあることになってしまいそうだね。

山本　もし上司や社長をローマ皇帝のように考えてしまったら、ブラック企業の思うツボだ。

吉川　そうは問屋が卸さない。

山本　権内／権外の境界線は、時代や場所に応じてある程度は動くものと考えたほうがいい。

吉川　どうしたらいいだろう？

山本　ここでも、労働者の権利や会社の権限について知ることが大事だね。

**吉川** それで権内／権外の境界線を引きなおす！

**山本** うん。これには遅すぎるということはないはずだよ。

**吉川** そのとおりだ。私も今日から勉強しなおそう。

## 巨人の肩の上に乗る

**山本** 勉強といえば、エピクテトス先生が亡くなってから一九〇〇年、学問もおおいに進展した。

**吉川** 当時と比べたら、もう別物といってもいいくらいだね。

**山本** 自然の探究ひとつとっても、ガリレイやニュートンの元祖科学革命、ダーウィンによる生物学の革命、相対性理論と量子力学による二〇世紀の科学革命と、幾度もの革命があった。

**吉川** そのたびにわれわれの「自然学」は豊かになってきた。

**山本** 「論理学」についても同じことがいえるね。

**吉川** 一九世紀末にフレーゲによる記号論理学の革命があったし、二〇世紀にはチューリングやノイマンによってデジタルコンピュータの数学的アイデアが提出された。

山本　そしていま、われわれの手の中には黎明期の巨大なスーパーコンピュータをはるかに上回る性能の超小型コンピュータが収まっている。
吉川　スマホだね。
山本　かつて天才のみがなしえた世紀の大発見や大発明も、いまでは誰もが学んだり使ったりできる。
吉川　まさに。
山本　そんなふうに巨人の肩の上に乗ることで、ものすごく遠くまでを見渡せるようになった。
吉川　医薬や医療の発展も見逃せない。
山本　そうだね。
吉川　不治の病と呼ばれた病気でも、いまでは治療可能になっているものも多い。
山本　かつては発病したが最後、快復など権外のことと覚悟しなければならなかった病気の治療も、いまでは権内のこととなっているということだね。
吉川　うん。権内と権外の境界線は動いている。
山本　多くは権内の領域を拡大するかたちでね。
吉川　各種テクノロジーの影響は大きいよね。
山本　交通機関の発達はわれわれの移動の能力を、通信機器の発達はコミュニケーションの能力を高めた。

**吉川** 最近では人工知能プログラムの実用化も急ピッチで進んでいる。

**山本** 巨人は今後も成長をつづけるだろうね。

**吉川** どこまでいくんだろう?

**山本** それは神のみぞ知るところ。

## なにをなすべきか

**吉川** 神ならぬわれわれとしては、それでも、すべてのことが権内におさまるなんてことはないよね。

**山本** サイエンスやテクノロジーの観点からは、権内の領域がどんどん広がっているのはたしかだけれど、それでも権外の領域がなくなることはないだろうね。

**吉川** 難儀だ。

**山本** それは有限な存在であるわれわれの宿命だね。

**吉川** どれだけ学問や科学技術が進展しても、ままならないことは依然としてある。

**山本** ひょっとしたら減ってすらいないかもしれない。

吉川　公害や環境問題などはその最たる例だ。

山本　できることが増えたせいで、かえって新たな面倒を引き寄せるケースだね。

吉川　身近な例でいえば、人間関係は相変わらずむずかしい。

山本　この科学技術の時代に、あらゆる問題のなかでももっとも身近で日常的な対人関係の問題が、あいかわらずこんなにむずかしいというのは、なかなか興味深いものがある。

吉川　ほんとうに。

山本　おおいに流行したアルフレッド・アドラーの心理学では、人間の悩みはすべて対人関係の悩みである、と言い切っている。

吉川　たしかに、そうかもしれない。

山本　なぜそうなるかといえば、あたりまえのことだけれど、他人は自分の思いどおりにならない権外の存在であるのに、思いどおりにしたいと考えるからだよね。

吉川　うん。そしてその他人もまた、そのように考えている。

山本　おたがいがそんなふうに考えているものだから、人間関係はこじれてしまいがちだ。

吉川　他人はままならないものと割り切れたらいいんだけど、なかなかそれができなくて、ぐずぐずと悩むことになる。

山本　本来、権外にあるものを、強引に権内に引き入れようとしたって、それはできない相談だ。

吉川　やっぱりここでも、権内と権外の境界線を見極めることが大事なんだね。

山本　そして、まさにそれこそが、エピクテトス先生の「倫理学」のテーマでもある。

吉川　対人関係の話題が出てきたところで、以前紹介した相談についてあらためて考えようか。

山本　そうだね。アップデートされたエピクテトス哲学でどんなふうに答えられるか、考えてみよう。

## あらためて相談を考える

山本　ＩＴ企業に勤めて六年目の三〇代の男性から、こんな相談が寄せられたのだった。仕事はできるほうで自信もあるけれど、年下の女性が自分の上司になったことが気に入らないと。

吉川　うん。とりたてて特殊な技能があるわけでもない上司にあれこれ指図される、それが耐えられないとのことだったね。

山本　それに対して、降臨したエピクテトス先生の回答は、きわめてあっさりしたものだった。

吉川　まず、上司が女性だろうが男性だろうが年下だろうが年上だろうが関係ないと。

山本　会社組織では、マネージャーにはマネージャーの、プレーヤーにはプレーヤーの役割というものがあり、その役割をきちんとはたしているかどうかが問題だと。

吉川　もし彼がマネージャーを目指しているのでないなら――事実、いまの仕事には自信と誇りをもっているようだった――、なにより大事なことは彼自身のプレー内容なのだろうね。

山本　うん。おそらくそれが彼の権内にある第一のことだからね。そして彼の仕事にかかわる技術やツールを使いこなせば、それだけ権内も広がって、よいプレーの可能性も高まる。

吉川　もし、彼が自分の職分を存分にはたし、上司は上司でその職分を存分にはたすことになれば、これ以上によいことはないね。

山本　彼にはぜひスタープレーヤーを目指してほしいね。

吉川　とはいえ、上司がきちんとマネージャーの役割をはたしているかどうか、チェックするのはわるいことではない。

山本　本当にマネージメントがうまくいっていない可能性もなくはないからね。

吉川　開発の現場から「デスマーチ」というおそろしい言葉が聞こえてくることもあるくらいで。

山本　実際、そのぐらい苛酷な職場もあるというからね。

吉川　ただし、エピクテトス先生は、この相談者の男性が上司のマネージメント能力を適切に判断できるかどうかはまた別の話だ、と。

**山本** なかなか手厳しかったね。

## 自分はどこにいるのか？

**吉川** 自分の権内にあるものと権外にあるものを区別し、権内にあるものにこそ注力しよう。これがエピクテトス先生の教えのエッセンスだった。

**山本** うん。

**吉川** いまあらためて先生のレスポンスを思い出してみても、生じてきた問題に対するスタンスというか心構えとしては、なんというか、もうこれ以上のことは言えない気がしてくるね。

**山本** さすがに先生はえらい。

**吉川** あとは、それをいかにして具体的に実践するか……。

**山本** そう。

**吉川** これまでおさらいしてきた社会状況や学問状況の変化を受けて、われわれにもなにか、さらに言葉を加えることができるだろうか。

**山本**　そうだねえ。あるとすれば、われわれは先生の時代よりもずっと、自分の状態を精確に知るツール群に恵まれているわけだから、それを活かさない手はないだろうね。

**吉川**　というと？

**山本**　たとえば昨今、いろいろな学術の領域で、人間像の再考が進んでいるでしょう。

**吉川**　というと？

**山本**　従来は理性に劣るもののように扱われてきた情動や感情の見直しとか、さまざまな認知バイアスにかんする知見とか。つまり、人は自分で意識していないけれども、ものの見方や受け取り方にいろんな偏り（バイアス）があることが指摘されている。

**吉川**　選挙で、政策の内容より見た目で選びたくなるとか、同じ文章でも太字の書体のほうがもっともらしく感じられるとか。

**山本**　それそれ。そういう認知バイアスが山ほどあるというのだよね。いま、人間について考える場合、こういう知見も踏まえる必要がある。

**吉川**　ああ、そうだね。理性的人間を前提とした議論から、思い込みや感情で動く人間像へのシフト。

**山本**　人間の心が備えている直観的判断と合理的思考という二つのしくみのうち、直観的判断は多くの場合、ぱっとものごとを見分けるのに役立つけれど……

吉川　ある条件の下では系統的にエラーを起こす。思い違いをする。

山本　人間は、常に冷静かつ合理的にものごとを判断するというよりは、むしろ思い込みや偏見によって判断を下すことがある。

吉川　うん。そうすると、どういう戦術が必要だろうか？

山本　そうだね。まずは、単に理性によって合理的に考えようと唱えるだけでは足りないということを自覚しないとね。

吉川　まずはそこだね。これは自分の心像との戦いということで、エピクテトス先生もそう言っていた。

山本　そうそう。だから、認知バイアスを備えた人間を前提として、それでもよりよい人間関係や社会を築くにはどうしたらよいかということが課題でもあるね。

吉川　それには人間にかんする最新の諸科学が役立ちそうだね。

山本　たとえばそんなふうに自分が、人間として持っている性質について理解したり意識したりすることで、完全とは言わないけれど、よりましな判断ができるチャンスも増えるかもしれない。

吉川　自分はどういう思い込み（認知バイアス）によって上司に不満を抱いているのか？

山本　そう考えられたら、単に不満を持つのとは違う考え方もできそうだ。

吉川　ただ、言うのは簡単だけど難しいかもね。

山本　心像と戦うトレーニングが必要だろうね。

吉川　練習あるのみ、か。

山本　うん。ぜひ本書収録のブックガイドをチェックしていただきましょう。

吉川　このあとのコラム4（二二二ページ）でどうぞ。

## 権内を拡張するために

山本　話を広げると、学問や技術の進展によって、人類全体にとってできることとできないこと、分かることと分からないことの境界線も変化し続けているよね。

吉川　各種の技術はその分かりやすい例だよね。

山本　インターネットやスマートフォンの普及、AIスピーカーやドローンの活用、それにゲノム編集や生殖医療など。

吉川　それまでなかったものが登場することで、人にできることも大きく変わってきた。

山本　私のような極度の方向音痴でも、タブレットとGoogleマップのおかげで目的地にあまり迷わずたどりつける。

吉川　それでも少し迷うわけね（笑）。

山本　うん……。それはともかく、繰り返せば、人類という規模で考えた場合、知識や技術によって、分かることと分からないこと、できることとできないことの境界は広がり続けている。

吉川　もはやその全貌は誰にも分からないとしても。

山本　そして大事なのは、そのうち自分が理解したり、使えたりする知識や技術次第で、個々の人に分かることと分からないこと、できることとできないことの境界も変化するというところ。

吉川　それで言うならコンピュータは典型例かも。

山本　誰かがつくってくれたソフトを使えるのと、自分でも必要に応じてソフトをつくれるのとでは、同じコンピュータを手にしても「できること」がまったく違ってくる。

吉川　ソフトをつくらないにしても、仕組みを知っているかどうかでも大きく違う。

山本　そうそう。

吉川　さっきの例でいえば、認知心理学を学んで知っているか否かで人間像が違ってくる。

山本　そうなると、同じ出来事に遭遇しても対処の仕方が変わってくる可能性だってあるね。

吉川　うん。

**山本**　つまり、エピクテトス先生以降現在にいたるまで人類が発見し、つくり出してきた知識や技術をどのていど我が物にしているかによって、その人にとっての権内と権外の境界線もまた大きく変わるということ。

**吉川**　よりポジティヴに言えば、権内と権外の境界線を自分でも変えられるというわけだ。

**山本**　ただし、われわれが各種テクノロジーを使うとき、どこまでが自分の権内でどこからが権外なのかという区別はちょっと分かりづらくなりそう。

**吉川**　たとえば？

**山本**　単純な例だけど、車を運転して、ある場所まで三〇分で行かないといけないとしよう。

**吉川**　うん。

**山本**　現在地から目的地までのだいたいの距離は分かる。その車がどのくらいのスピードを出せるかも分かる。

**吉川**　それは車という装置のスペックであり、可能性だ。

**山本**　で、計算ではぎりぎりなんとかなる。でも、実際にその車を適切に走らせるのは……

**吉川**　運転する人だ。どのくらいはやく目的地に着けるかは、道を選んだり、車を操作したりする判断や技術に依存している。

**山本**　そう考えると、少なく見積もっても、車を走らせるということには、道の状態や混み具合や天気といった環境と、車の性能、それと車を操縦して道や走らせ方を判断する人が組み合わさっている。

吉川　車というテクノロジーによって、たしかに人の移動時間は短縮されるものの、どう使うかという肝心な点については、運転する人の判断とドライヴィングテクニック次第だ。

山本　加えて言えば、車になんらかの故障が生じて走らなくなる可能性もある。

吉川　そもそもバッテリーが上がってて、始動できないとかね。

山本　とまあ、こんなふうに考えてみると、テクノロジーによって人間にできることが拡張され、そういう意味では権内が拡大するわけなんだけど、実際にわれわれにできるのは、そのテクノロジーをどう使うかという判断だったりする。

吉川　たとえば、こういう例はどうかな。

山本　ぜひ。

吉川　コンピュータとネットとソフトウェアによって可能となったSNSを使うと、手元から投稿したテキストや画像や動画を、そのSNSを使っている世界中のユーザーに向けて簡単に発信できる。

山本　スマートフォンをちょっと操作すれば、またたくまにテキストやかわいいネコの写真なんかを拡散できるね。

吉川　そう、そういう意味ではSNSというテクノロジーによって、われわれの権内の領域は拡張されたと言える。

山本　ネットやSNSを使わずに同じことをしようと思ってもほとんど無理だ。

吉川　でも、SNSをどのように使うか、なにをどう投稿するかの判断をするのはあくまで人間だ。そして、その判断の仕方によっては、投稿を見た人が「かわいいネコだなあ」と喜んだり、「なんてことを言うんだ！」と憤慨したりする。

山本　その場合でいえば、SNSを使って何を投稿できるかは、利用者次第だ。

吉川　こういうテクノロジーによる能力の拡張と、それをどう使えるかということは、よく区別して検討する必要があるだろうね。

山本　そこから翻って考えれば、近年の高度なハイテクだけでなく、たとえばお金や本のような古くからある道具なんかにも言えそうだ。

吉川　これから人工知能のようなプログラムがさらに高度化すると、利用者が気づかないうちに使っているということも増えるだろうね。

山本　ウェブで検索するとき、あからさまにそういうふうには知らされないけど、検索の結果はプログラムによって、その人に向けて調整されてたりする。これなんかは、テクノロジーと利用者の組み合わせごとに、しかも使うたびに権内の範囲が変動するややこしい例だ。

**吉川** そうなると、そうしたテクノロジーを使う自分の権内はどこまでかということが、よく分からない状況もまま生じてくる。

**山本** いつも使っているものがときどき故障したり、損なわれたりしてうまく働かなくなるとき、人は夢から目覚めるようにして、テクノロジーの存在に気づいたりするよね。スマートフォンを家に忘れて過ごすと、日頃どれだけ使っているかが分かるように。

**吉川** こう言ってもいいかな。テクノロジーによってわれわれは生身ではできないことができるようになる。

**山本** エンハンス、つまり拡張されるわけだ。

**吉川** エンハンスされた結果、自分の権内／権外の区別がちょっと複雑になる。

**山本** どんなふうに？

**吉川** テクノロジーの利用によって、理屈の上では自分の権内は広がる。でも、実際の権内は、そのテクノロジーをどう使えるかにかかっている。

**山本** うん。結局のところ、自分が使っているテクノロジーなり道具なりの仕組みをおおまかでもいいので理解するかどうかで、その人の権内／権外の区別や理解も変わってくる。

**吉川** テクノロジーによって可能となる権内と、そのテクノロジーの利用者の理解や判断によって可能となる権内は必ずしも一致しない、と言ってもいいね。

**山本**　道具にできる可能性と、その道具で実際にある人ができることは一致するとはかぎらない。

**吉川**　とくにコンピュータを使った技術は、内部の仕組みが見えない分だけ、権内／権外の区別も分かりづらそう。

**山本**　こう考えると、エピクテトス先生やストア派で言われる自然理解に加えて、いまでは人工物理解も重要度が増しているわけだ。

**吉川**　そう、しかもそれはただテクノロジーの仕組みを理解すればよいという話ではなくて、どう使えばよいかということとセットで考える必要がある。

**山本**　そのためには、やっぱり必要に応じて人類の知を使って自分の権内を広げていけるようにする基礎力を鍛える必要がありそうだね。

**吉川**　言うなれば、自分を拡張するために必要な知のサヴァイヴァルキットをそなえよう、というわけだ。

**山本**　かつて「教養」とか「リベラルアーツ」と呼ばれていたものは、本来そうした基礎になるものだったと思う。

**吉川**　そう考えると、まずはいまの自分がそなえている知や技術の現状を棚卸しして、不足がないかを点検するところから始めるのがよさそうだね。

**山本** 言い換えればそれは、いまの自分の権内の範囲を確認することでもある。

**吉川** 汝自身（権内）を知れ。そして拡張せよ。

**山本** ただし、世界（権外）を知らねば自分のことも分からず、拡張もおぼつかない。

**吉川** というわけで、このへんでおしまいにしようか。

**山本** お読みいただきありがとうございました。機会があったら、またどこかでお目にかかりましょう。ご機嫌よう。

コラム4

## より深く学ぶためのブックガイド

本書を読んで、さらにエピクテトスやストア派の哲学に触れてみたいと感じた人に向けて、次に読むとよい本をご紹介しよう。中には品切れの本もあるので、図書館などで探されたい。

まず、エピクテトス先生の言葉を収めた本として現在手に入れやすいものに、エピクテトス『語録 要録』(鹿野治助訳、中公クラシックス、二〇一七)がある。

また、ローマ五賢帝の一人に数えられたマルクス・アウレリウスが陣中でつづったという『マルクス・アウレリウス「自省録」』(鈴木照雄訳、講談社学術文庫、二〇〇六)は、エピクテトスの思想が、立場の違いを超えて共有され、ものを考える糧とされている様子をうかがうのにもよい本。いかに心の平静を保つかというトレーニングの実践例としても読める。

エピクテトス以外のストア派の思想にも興味のある人は、『初期ストア派断片集』(全五巻、西洋古典叢書、京都大学学術出版会、二〇〇〇—二〇〇六)を覗いてみるとよい。ゼノンやクリュシッポスといった人たちの言葉をさまざまな書物から集めて構成したものだが、本書でも解説したストア派の自然学や倫理学についても知る手がかりが見つかる。

本書でもたびたび紹介したディオゲネス・ラエルティオスの『ギリシア哲学者列伝』（全三冊、加来彰俊訳、岩波文庫、一九八四―一九九四）は、もし手に入るなら手元に置きたい愉快な本だ。哲学者たちの伝記的なエピソードをふんだんに盛り込みながら、その著作や思想を解説して読み飽きるということがない。同書の第七巻（邦訳では中巻に収録）がストア派の面々に充てられている。ただし、われらがエピクテトス先生は残念ながらちらりとしか登場しない。

ストア派とその歴史的背景を知るには、堀田彰『エピクロスとストア』（清水書院、二〇一四）や、より本格的にはA・A・ロングの『ヘレニズム哲学――ストア派、エピクロス派、懐疑派』（金山弥平訳、京都大学学術出版会、二〇〇三）第四章などがある（ロングには未邦訳だが *Epictetus* という本もある）。他の流儀の哲学と比べてみると、ストア派の持ち味がいっそうよく目に入るだろう。

近年、ストア派への注目も少しずつ高まっているようだ。國方栄二『ギリシア・ローマ ストア派の哲人たち――セネカ、エピクテトス、マルクス・アウレリウス』（中央公論新社、二〇一九）やマッシモ・ピリウーチ『迷いを断つためのストア哲学』（月沢李歌子訳、早川書房、二〇一九）、ジャン゠バティスト・グリナ『ストア派』（川本愛訳、白水社文庫クセジュ、二〇二〇）、荻野弘之『奴隷の哲学者エピクテトス　人生の授業』（ダイヤモンド社、二〇一九）など、ストア派関連の本も増えつつある。

# エピローグ

# 真実も幸福も

## エピクテトスの徒として生きる

山本　さて、本編は終わったわけだけれど、もう少しおしゃべりをしながらみなさんをお見送りしようか。

吉川　映画のエンドロール的な。

山本　いま、世界はポスト・トゥルース、真実以後の世界と言われたりするよね。

吉川　なにしろ個々人がスマートフォンのような端末をもって、ネットを通じていろんなことを読み書きする時代だからね。

山本　ネットは、すっかり大量の情報やデータが飛び交う場所になった。

吉川　しかも検索や翻訳、地図やチャットにSNSと、いまやこれなしには生活できないくらいだ。

山本　便利な半面、困ったこともあるよね。

吉川　SNSでは、毎日どこかで炎上騒ぎだし、ヘイトスピーチやデマが流れてくることも少なくない。

山本　人類にはSNSは早すぎたんだよ。というのは半分冗談だけど。

吉川　こういう状況になってみて分かったのは、目にする情報の真偽を、われわれは思ったほど正しく見分けられないし、他人の言葉に触れて感情が乱されたりするのを避けられない生き物であるということかな。

山本　ほんとだね。よくよく気をつけていても、ネットで目にした五年前のニュースを、いま起きたことだと勘違いしたりするしね。

吉川　自分一人で勘違いして気づけばいいけど、それをまた「大変だ、大変だ！」というのでSNSに投稿して他の人に知らせたりすることもある。

山本　動機はなんであれ、結果的には嘘を拡散することになるわけだ。

吉川　で、困ったことに、ネット上で人びとが発信することのなかには、必ずしも事実とは関係のないこともたくさんある。

山本　虚々実々というけど、事実にかんすることもあれば、虚構にかんすることもあるね。

吉川　うん、もちろん小説や映画のように、はじめから「これはフィクションです、つくりものです」とはっきり区別しているものもあれば、紛らわしいことに事実のフリをした嘘もある。

山本　しかも、アメリカ大統領選挙戦に絡んで、対立候補にかんする嘘を故意につくって流す業者のような輩まで登場していたね。

吉川　ビジネスとしての流言飛語だ。

山本　最近では人工知能というか、コンピュータのプログラムによって、実在しない人物の画像や音声や動画をつくったり、それっぽい文章を自動生成したりする技術も発達してきている。

吉川　いわゆるディープフェイクだね。こうなると虚々実々どころか、虚々々実ぐらいになってくる。

山本　最後の「実」がすごく小さい（笑）。って笑いごとじゃないね。

吉川　ネットを検索すれば、行ったことのないレストランを見つけられるし、世界で起きている出来事の報道もチェックできるし、ライヴのチケットを予約するのも、電車の乗り換え時刻を調べるのも便利な一方で、健康やお金を典型としてニセの情報も大量に出てくる。

山本　健康や医療にかんする情報は、ときに文字通り致命的になる。二〇一一年の東日本大震災で生じた東京電力福島第一原子力発電所の事故以後、放射性物質やその人体に対する影響についても、ずいぶんデタラメな情報も流れて、人びとの行動にも影響を及ぼした。

吉川　そう考えると、現代は情報や知識の伝達やその取捨選択が、われわれの幸福にとって無視しえない影響をもつ社会と言ってもよいかもしれない。

山本　たとえば、病院に行って診断と治療を受ければ治ったはずの症状なのに、ネットで見た情報を信じて実行した結果、かえって悪化させてしまうとか。いわゆる偽科学にかんする情報もたくさんある。

吉川　そうなると、皮肉なことに幸福な状態を願って、ネットで目にした情報を信じた結果、かえって不幸に陥るということもありうる。

山本　なにが真実かを見誤ると、結果的に幸福な状態から遠のくということはいろいろありそうだね。

吉川　うん。ポスト・トゥルースと呼ばれる状況では、自らの幸福――安心とか高揚感とか気分のよさとか――のために真実の探究を軽視する傾向があると指摘されている。

山本　まるで真実と幸福とが相反するものであるかのように。

吉川　でも、実際にはそんなことはない。

山本　ストア哲学で、自然についての真実やその理解を重視したことも思い出されるね。

吉川　論理学は畑を囲む壁、倫理学は果実、自然学は土壌あるいは果樹だった。

山本　よりよく生きることについて考える倫理学が果実だとしたら、その実がなるのは自然学という土壌や果樹という見立てだ。

吉川　土壌や果樹なしに果実はみのらない。

山本　この指摘は、現代を生きるわれわれにも言えると思うんだよね。

吉川　一言でいうなら、真実を通した幸福の探究と言えそうだ。

山本　もしそう考えてよいとしたら、虚々実々が飛び交う世界のなかで、幸福に生きるための鍵のひとつは、必要に応じて真実をわきまえることと言えるかもしれないね。

吉川　エピクテトス先生の教えに照らすなら、そうすることによってわれわれは、より適切に権内と権外を見分けたり、その区別に立って判断や行動を選んだりできるわけだ。

山本　真実も幸福も。いつも頭の片隅に入れておきたいものだ。

吉川　われわれ自身、学生の頃に岩波文庫の『人生談義』に出会って以来、エピクテトス先生の教えにどれだけ助けられてきたか分からない。

山本　これは大袈裟ではなく、困ったときもそうでないときも、いつも念頭にあって判断の指針を与えてもらってきたよね。

吉川　もちろんここまで読んでくれたみなさんが、われわれと同じように感じたかどうかは分からないけれど、エピクテトス先生の考えを頭の片隅に入れておくことで、少しでも生きるのが楽になったり、苦しさを減らせたりできるといいなと思います。

山本　そんなふうにして、エピクテトスの徒として生きるとはどういうことかについて考えてみました。ここから先は、ご自分でさまざまな機会に試してみるとよいかもしれません。

吉川　先生も口を酸っぱくして言っていたように、なにしろ練習抜きにすぐにできることではないから。

山本　でも、そのつもりで繰り返していくうちに、いつしかどんなときでも権内と権外について考えたり、そこからさらに考える手がかりを得られたりするようになるはず。

吉川　というわけで、これで本当におしまいです。

山本　最後に、この企画を実現して「ｗｅｂちくま」での連載を編集してくださった石島裕之さんに感謝します。

吉川　その連載をまとめて大幅に加筆してこの本ができました。本の編集も石島さんの担当です。

山本　それから、装幀は寄藤文平さん、挿画は花松あゆみさんのお世話になりました。

吉川　山本くんと私の共通の恩師である赤木昭夫先生とも、ことあるごとにストア派やエピクテトスの哲学について議論する機会をもらいました。

山本　なにより長年の恩師であるエピクテトス先生にも感謝しなくちゃね。

吉川　先生方と打ち上げしよう。

山本　いいね。

吉川　本書のご先祖というべき『ブロンソンならこう言うね』（ちくま文庫）の田口トモロヲさんとみうらじゅんさんにも感謝しないといけないね。

山本　うん。チャールズ・ブロンソンさんにも。

## 山本貴光　やまもと・たかみつ

1971年生まれ。
慶應義塾大学環境情報学部卒業。
コーエーでのゲーム制作を経て、文筆家・ゲーム作家。
金沢工業大学客員教授。
関心領域は学術史、ゲーム、カステラなど。
著書に『コンピュータのひみつ』(朝日出版社)、
『文体の科学』(新潮社)、『「百学連環」を読む』(三省堂)、
『文学問題(F＋f)＋』(幻戯書房)、
『脳がわかれば心がわかるか』
(吉川浩満との共著、『心脳問題』の増補改訂版、太田出版)のほか、
ちくまプリマー新書に『問題がモンダイなのだ』(吉川との共著)、
『ゲームの教科書』(馬場保仁との共著)、
『高校生のためのゲームで考える人工知能』(三宅陽一郎との共著)がある。
訳書にジョン・R・サール『MiND』(吉川との共訳、ちくま学芸文庫)など。
「哲学の劇場」主宰。

## 吉川浩満　よしかわ・ひろみつ

1972年生まれ。
慶應義塾大学総合政策学部卒業。
国書刊行会、ヤフーを経て、文筆業。
関心領域は哲学、卓球、犬猫鳥、単車など。
著書に『理不尽な進化』(朝日出版社)、
『人間の解剖はサルの解剖のための鍵である』(河出書房新社)、
『問題がモンダイなのだ』(山本貴光との共著、ちくまプリマー新書)、
『脳がわかれば心がわかるか』
(山本との共著、『心脳問題』の増補改訂版、太田出版)などがある。
訳書にジョン・R・サール『MiND』(山本との共訳、ちくま学芸文庫)など。
「哲学の劇場」主宰。



◎ 本書は webちくまでの連載
「賢人エピクテトスに学ぶ人生哲学　人生がときめく知の技法」(2017年2月10日〜2018年5月25日)
計30回に加筆・修正して一書としたものである。

その悩《なや》み、エピクテトスなら、こう言《い》うね。
古代《こだい》ローマの大賢人《だいけんじん》の教《おし》え

2020年3月14日　初版第1刷発行

著　　者　山本貴光《やまもとたかみつ》＋吉川浩満《よしかわひろみつ》

装　　丁　寄藤文平＋古屋郁美（文平銀座）
挿　　画　花松あゆみ

発 行 者　喜入冬子
発 行 所　株式会社筑摩書房
〒111-8755
東京都台東区蔵前2-5-3
電話番号　03-5687-2601（代表）

印刷・製本　凸版印刷株式会社


ISBN978-4-480-84750-8　C0010